# O paradigma de suprimentos

Por que comprar é tão importante quanto vender?

UPSHOT

**Autor: Mauricio Furtado**

O paradigma de suprimentos

Por que comprar é tão importante quanto vender?

## Upshot - 2ª Edição

A 2ª edição traz referências de empresas em casos reais, associando conceito e prática em um contexto histórico que possibilita compreender a atuação de suprimentos e visão de negócios globalmente.

ISBN: 979-8860892989

Publicação Independente

## Nota

Aos profissionais de suprimentos e empreendedores que buscam compreender a cadeia de suprimentos de ponta a ponta.

O livro apresenta aspectos estratégicos de como estruturar um negócio de forma eficiente, através de interconexões com o negócio e construção de estratégias de parceria coerentes.

Mauricio Furtado

# Índice

I

# [Introdução] O paradigma corporativo de suprimentos

Em 2001, o escândalo da Enron foi revelado, e a empresa entrou em falência. Bilhões de dólares evaporaram, e milhares de funcionários ficaram sem emprego. O caso da Enron mudou a regulamentação e forçou a reforma dos setores financeiros e corporativos nos Estados Unidos. A manipulação fraudulenta dos resultados financeiros foi iniciada para recompor falhas na administração de fornecedores. O modelo de negócio da Enron baseava-se em intermediar contratos de compra e venda de energia e serviços, sendo uma proposta inovadora e conveniente, pois facilitava a negociação de contratos de energia com empresas que se beneficiavam da estabilidade. Enquanto a Enron comprava contratos e beneficiava-se da volatilidade do mercado de energia, como a Enron não produzia energia, ela dependia da boa gestão de Suprimentos para se beneficiar dos contratos de estabilidade firmados com setores industriais, comerciais e públicos. A área de Suprimentos da Enron sofria pressão excessiva, pois precisava desempenhar melhor do que os contratos firmados com clientes, que crescia exponencialmente. Contudo, a área dependia de fornecedores externos que estivessem dispostos a aceitar pressão comercial e contratos desfavoráveis que se desviavam da média de mercado, na busca de acordos que mantivessem a Enron operando contratos futuros que colocavam fornecedores em risco. Com o tempo, os fornecedores começaram a evitar o relacionamento de longo prazo com a Enron e começaram a ditar preços, evidenciando a fraqueza da Enron, que precisava aceitar ofertas para manter clientes ativos. Ao perceber a perda entre o preço de compra e o preço de venda, a empresa praticou manipulação contábil devido à sua presença na bolsa de valores, o que deu início a uma bola de neve sem precedentes.

A manipulação contábil, evidentemente, não é uma opção para encobrir ineficiências operacionais. No entanto, o caso da Enron poderia ter tido outro desfecho se o modelo de negócio tivesse sido refinado com base nos fundamentos de compras e no relacionamento com os fornecedores. No entanto, o paradigma vivenciado por esta área decorre de questões históricas, onde a área foi concebida a partir da necessidade de suprir adequadamente as demandas de vendas, produção, armazéns e prateleiras. As decisões eram baseadas em cotações e disponibilidade, transformando a atividade de compra em algo estritamente operacional, definido por critérios estabelecidos por outras áreas. Em organizações regidas por departamentos isolados, o foco estava nas relações com o mercado consumidor e, nesse contexto, as empresas tendiam a negligenciar premissas que influenciavam o fornecimento, assumindo riscos que ameaçavam os resultados. É paradigmático caracterizar o fornecimento como ações operacionais, consequência de transações com clientes e sem agregação de valor, consolidadas por reatividade, que estabelece uma conexão frágil entre o negócio e a cadeia de suprimentos, expondo as organizações a ações de curto prazo retroalimentadas por silos que transferem a responsabilidade aos fornecedores.

Comprar estrategicamente significa participar ativamente de decisões que influenciam e impulsionam o negócio, conectando a cadeia de suprimentos a critérios que constroem resultados através de parcerias e fluxos logísticos configurados de forma eficiente. Ao se desenvolver, o profissional de Suprimentos desmistifica a imagem de "pedidor de desconto" e "apagador de incêndio", estabelecendo e executando ações definidas com base em direcionamentos ligados ao negócio, onde as prioridades vão além de meras reduções de custos e alongamento de prazo de pagamento. A expectativa dos departamentos, estabelecida a partir desse paradigma, define uma atuação emergencial quando o planejamento foge do controle ou as demandas se tornam instáveis. As metodologias concebidas para suportar as compras focam em monitorar custos, fornecedores, conformidade e prazo de pagamento, porém não estão conectadas ao negócio e aos clientes. A retórica estabelece a área de Suprimentos como agente fomentador de reduções de custos e garantidor de princípios éticos nas aquisições, permeando processos burocráticos que não solucionam o paradigma estabelecido. Ao rotular a área de Suprimentos como "redutora de custos", estrutura-se erroneamente uma imagem mal aproveitada, construída sobre ilusões de reduções exponenciais baseadas em trocas constantes de fornecedores, procrastinação de aumentos e solicitação de descontos em troca de incremento de negócios que não se concretizam.

Em ambientes corporativos imersos no paradigma operacional, satisfazer o cliente interno tem mais relevância do que orientar decisões que mitiguem futuros revezes e agregue valor. Agir reativamente, por decisões tomadas por terceiros, buscando reverter impactos causados por má interpretação dos custos, resulta em fornecedores sem compromisso com o negócio e relacionamentos comerciais frágeis. A possibilidade de alavancar resultados financeiros por meio de decisões que lancem novos produtos determina a necessidade de uma cadeia de fornecimento relevante, que leve em consideração a proposta de valor ao cliente e a sustentabilidade econômica da empresa. Ao negligenciar estratégias de Suprimentos, há exposição a riscos evitáveis, ameaçando a reputação da empresa e da marca. A cadeia de fornecimento deve estar alinhada ao negócio, onde a priorização não pode assumir contextos superficiais e projetos não devem ser executados sem um adequado direcionamento. Ao focar somente em reduções de custo, o comprador torna-se um "pedidor de desconto", dedicando erroneamente atenção a ações que não incrementam valor à organização. A construção de uma área de Suprimentos estratégica, imersa em um paradigma operacional, exige esforço, argumentação e paciência. O conhecimento adquirido sobre o negócio pode causar perplexidade ao perceber como decisões já tomadas sobre fornecimento expõem produtos e relacionamentos com clientes, além de degradar resultados financeiros.

Uma área de Suprimentos estratégica influencia decisões, proporcionando compreensão do modelo de negócio e parametrizando suprimentos. Relacionar atividades de Suprimentos com o negócio amplifica resultados, fomenta configurações eficientes de fornecimento e traduz expectativas em ações necessárias para a cadeia de suprimentos, onde riscos e custo de propriedade definem formas executivas de tomar decisão. Comprar estrategicamente baseia-se em axiomas associados a agregar valor e mitigar ameaças ao negócio, onde agregar valor significa remunerar eficientemente o capital investido e mitigar ameaças significa estar à frente da concorrência.

O direcionamento estratégico consolida caminhos aderentes, desafiando o *status quo* e os procedimentos existentes, forçando a interação da área de Suprimentos com o negócio. Ao tornar os fornecedores elementos importantes das soluções, as ameaças e oportunidades são resolvidas por meio de negociações e antecipação de problemas.

Na mecânica, o princípio da alavanca, descoberto por Arquimedes, conceitua um ponto fixo que, ao ser posicionado adequadamente, multiplica a força mecânica exercida para mover uma resistência. Esse princípio possibilita mover objetos pesados com forças reduzidas, apenas posicionando o ponto de rotação (agente de alavancagem) de forma apropriada, sendo possível calcular a força necessária para levantar um objeto dado comprimento de alavanca.

A área de Suprimentos é o "agente de alavancagem" e, em um contexto de negócios, o resultado é a resistência a ser movida, a força aplicada são os recursos disponíveis, a estratégia é o comprimento da alavanca e o ponto de rotação é o "agente de alavancagem". A configuração da cadeia de fornecedores determina os custos e o caixa, sendo que o resultado é melhor alcançado quando a estratégia (comprimento da alavanca) e a área de suprimentos (agente de alavancagem) são devidamente estabelecidos.

O profissional estratégico de suprimentos, que compreende o negócio da empresa, percebe resultados por meio da alavancagem e determina abordagens fundamentadas em premissas e parâmetros associados aos axiomas que configurarão a cadeia de suprimentos. O livro parte da perspectiva de Suprimentos, buscando posicionar um pensamento ofuscado pela atenção voltada às vendas, em uma abordagem estratégica que amplifica resultados. Ao longo de onze capítulos, serão apresentadas abordagens estratégicas e modelos matemáticos que possibilitam construir uma área de suprimentos que desafia o paradigma operacional e influencia soluções.

# [Parte 1] Entendendo o negócio

"Não é o mais forte que sobrevive, nem o mais inteligente, mas o que melhor se adapta às mudanças"

Charles Darwin

---

Dean Kamen é um inventor talentoso e, em 1990, teve a visão de desenvolver um veículo revolucionário. Seu objetivo era criar um meio de transporte elétrico, eficiente e de fácil uso. O Segway PT foi lançado 10 anos depois e definitivamente é um produto revolucionário do ponto de vista da engenharia. No entanto, em termos de escala, por não utilizar opções econômicas, fornecedores competitivos, materiais alternativos e uma rede de suprimentos estruturada, tornou-se um produto caro. Isso restringiu o segmento de atuação, limitou a demanda e, além disso, não existiam outras versões de mobilidade, o que fazia a empresa depender de um único produto. A Segway fechou as portas em 2020 e vendeu seus ativos, inclusive a marca Segway, para a Ninebot, uma empresa que construiu um portfólio de produtos de mobilidade, de patinetes a scooters. Um produto bom e inovador não é garantia de demanda se não tiver uma cadeia de fornecimento estruturada e custos que possibilitem criar engajamento do mercado consumidor. A criação de demanda e a composição da receita de uma empresa partem dos produtos, que referenciam a marca. A Segway provavelmente não tinha uma equipe de Suprimentos sofisticada que buscava antecipar custos, a fim de desafiar o inventor e o projeto a validar opções econômicas. Logo, sensores e acelerômetros focam na solução técnica sem preocupar-se com a composição de custos, assim como o pacote de baterias, a eletrônica de estabilização e a estrutura superdimensionada de liga de alumínio. Para adquirir uma margem de lucro adequada e cobrir todos os custos, a Segway tinha preços para a versão mais básica em torno de 5 mil dólares, o que tornou-se inviável diante de outras opções de mobilidade pessoal disponíveis.

Em 1876, ocorreu a primeira comunicação de voz por telefone, marcando o início de mudanças significativas no comportamento humano. A partir desse momento, o mundo testemunhou uma série de transformações tecnológicas, incluindo o surgimento da internet, transmissões de rádio, fibra óptica, fotografia digital, música digital, sistemas operacionais, jogos interativos e outras migrações tecnológicas. No entanto, em 9 de janeiro de 2007, Steve Jobs apresentou o iPhone, um produto inovador desenvolvido a partir de tecnologias disponíveis e uma cadeia de suprimentos robusta e com custo competitivo desenvolvida pelo time de operações, liderada por Tim Cook, atual CEO da Apple.

O iPhone não teria se tornado uma opção viável se não tivesse havido evolução ao longo dos últimos 130 anos nas revoluções tecnológicas e na cadeia de suprimentos associada. As tecnologias disponíveis no Japão, China, Europa e EUA não teriam possibilitado a escala global de produção do iPhone, e as exigências extraordinárias da Apple não teriam sido viáveis. O reconhecimento de uma empresa por meio de um produto implica em simplificar soluções para o mercado e adicionar valor ao cliente por meio de algo tangível. O telefone ao longo dos anos é um exemplo clássico dessa dinâmica, onde Graham Bell, Thomas Watson e Landell de Moura, que em busca de soluções de comunicação, criaram produtos revolucionários que, com o tempo, tornaram-se acessíveis à massa. Em 100 anos, inovações nas áreas de física e matemática possibilitaram o desenvolvimento de tecnologias de software e hardware que aperfeiçoaram a comunicação de longa distância, tornando o telefone e a infra-estrutura associada uma demanda e necessidade básica para bilhões de pessoas ao redor do mundo.

Cada produto, chamado telefone, enfrenta desafios de engenharia embarcada e tecnologias de fabricação dentro de uma cadeia de fornecedores apropriada, o que possibilita a produção de variações de um mesmo conceito para diferentes públicos com necessidades distintas. A empresa interage com fornecedores que possuem tecnologias e competências técnicas para oferecer soluções, criando movimentos laterais que levam à segmentação do mercado em troca de volume e resultados financeiros.

O mercado de telefonia atual exige formatos de transmissão de dados, hardware de captação e software/aplicativos que interajam com o cliente final. Cada dispositivo de telefonia possui portfólios de produtos geridos por empresas que definem dinâmicas de disponibilidade, reputação, preço e vantagens competitivas. Os portfólios de produtos de uma empresa se adaptam às necessidades do mercado consumidor, oferecendo opções que garantam maior volume de vendas e resultados financeiros por meio de uma proposta de valor.

As empresas têm como prioridade os produtos que possuam vendas expressivas e garantam uma lucratividade adequada, visando recuperar o capital investido. Todos os elementos que compõem um portfólio de produtos estão interligados às premissas financeiras, como investimentos, preços, custos, volumes e taxas de retorno. O profissional de suprimentos estratégico, ao compreender o mercado consumidor a partir dos produtos, é capaz de antecipar soluções e consolidar estratégias de fornecimento apropriadas.

Comprometer as vendas devido às ações da concorrência leva a ações reativas. No entanto, quando a empresa avalia os movimentos do mercado com autoridade sobre informações de custo e valor, há agilidade no contra-ataque. As categorias de compras desenham estratégias específicas que influenciam os custos de produtos específicos, contribuindo para a configuração de uma cadeia de suprimentos de valor tanto para o cliente final quanto para o negócio como um todo.

Criar demanda é algo complexo, mas quando criada, precisa ser estruturada por uma cadeia robusta de suprimentos. A área de Suprimentos é fundamental em qualquer empresa que busca estabelecer produtos com margens adequadas. A visão de Steve Jobs sobre o iPhone não teria tornado a Apple a maior empresa do mundo se Tim Cook não tivesse formado a base de fornecedores, como Foxconn e TSMC, entre outros. A Segway poderia ter mudado a história da mobilidade se conseguisse lançar seus produtos por 1/5 do valor, talvez com fabricação na China, revisão de materiais e uma versão compacta, o que poderia ter dado outro rumo à história da mobilidade.

# [Capítulo 1] O Produto

"O sucesso de uma empresa é determinado pela qualidade de seus produtos e pela paixão de sua equipe em entregá-los."

(Steve Jobs)

---

A área de suprimentos concentra-se nas atividades relacionadas aos insumos, materiais diretos e indiretos, interagindo com fornecedores e custos, o que exige desenvolver estratégias que afetem a configuração logística, os custos e o fluxo de caixa de um portfólio de produtos. A área de suprimentos, muitas vezes, carece de informações sobre os produtos finais, limitando-se a planejar pedidos, cotar preços e negociar prazos. A estratégia de compras frequentemente baseia-se erroneamente nas expectativas de outras áreas que inadequadamente visam soluções peculiares e de curto prazo que não consideram a cadeia de suprimentos como uma questão relevante.

O portfólio de produtos reflete o plano da empresa para conquistar mercados e alcançar resultados alinhados com as expectativas dos acionistas. O papel estratégico da área de suprimentos conecta-se com a visão de longo prazo da empresa, que inevitavelmente alinha-se com clientes, produtos e riscos à lucratividade e ao caixa. Quando o produto é entendido pela área de suprimentos, existem interações estratégicas e táticas que se adaptam às dinâmicas de mercado, o que possibilita configurar fornecedores de maneira assertiva.

Os clientes se conectam a empresa por meio dos produtos, estabelecendo uma relação emocional por meio de transações financeiras. O mercado consumidor associa a empresa ao seu portfólio de produtos, que, por sua vez, consolida a escala de faturamento e lucratividade. O portfólio de produtos compete com os da concorrência, enfrentando sazonalidades decorrentes da vida útil do produto e dos padrões de consumo. As empresas são exigidas a configurar estrategicamente seus produtos, atendendo às necessidades dos clientes e segmentos, visando à sustentabilidade econômico-financeira e demandando continuamente alocação de capital financeiro e humano.

A relação do profissional de suprimentos com o portfólio de produtos é essencial para a estratégia da empresa, pois antecipa volumes e tecnologias que, consequentemente, influenciam os gastos com fornecedores e o fluxo de caixa, consolidando a agregação de valor.

A demanda é criada por necessidade; contudo, Ludwig von Mises percebeu um padrão econômico que intitulou como preferência temporal. Neste conceito, os consumidores valorizam mais os bens presentes do que os bens futuros, significando que há disposição para pagar um valor maior por algo disponível imediatamente. Este simples conceito fundamenta o mercado, onde modelos de negócios capazes de antecipar necessidades imediatas têm maior propensão a construir maior valor e se beneficiar com lucro e caixa.

As transações comerciais se baseiam na troca de bens e serviços, influenciadas por soluções materializadas em produtos, estabelecendo uma relação que determina o custo e o valor associado ao tempo. Um cliente está disposto a pagar mais por uma solução que não seja facilmente encontrada e disponível imediatamente, assim como um fornecedor está disposto a cobrar menos quando há a expectativa de compras recorrentes em um período acordado.

A Amazon é uma empresa de e-commerce onde o modelo de negócio inicial consistia em disponibilizar uma variedade expressiva de opções de livros a preços baixos e com conveniência de entrega na casa do cliente. A necessidade de um livro específico podia ser pesquisada no site da Amazon e entregue no dia seguinte, poupando tempo de ir à livraria, gastos extras em locomoção, tempo desperdiçado e incerteza da disponibilidade do livro na livraria mais próxima. Com eficiência na entrega e uma experiência do cliente, a Amazon garantiu uma parcela substancial do mercado de livros, o que possibilitou o seu crescimento para outros produtos, tornando-se hoje uma potência no e-commerce. A preferência temporal e a habilidade de Jeff Bezos em criar valor através da internet definiram uma nova experiência nas compras de livros, mas também uma nova abordagem de como lidar com a complexidade desses produtos, beneficiando-se na gestão dos custos e do valor. A Amazon não é um sucesso apenas pelo seu site e pioneirismo nas vendas pela internet, mas também pela boa gestão de suprimentos, flexibilidade e inteligência logística.

Produtos com baixa sensibilidade à preferência temporal direcionam a cadeia de suprimentos de forma totalmente diferente daqueles com alta sensibilidade, implicando em estratégias exclusivas. No caso da Amazon, livros best-sellers com disponibilidade imediata em qualquer livraria têm abordagens diferentes de livros raros que só são possíveis por encomenda. A dinâmica estabelecida pela disponibilidade imediata e valor da oferta define o comportamento do consumidor e posiciona empresas, onde equacionar valor, custo, demanda e fornecimento em resultados diferenciados é o que diferencia profissionais de amadores. Os preços dos produtos não são margens adicionadas aos custos, mas a equação que compreende valor, concorrência e preferência do consumidor.

A decisão de compra, que gera receita, precisa resultar em lucro e caixa, sendo a preferência temporal e a configuração da cadeia de suprimentos chaves para o sucesso. Quanto mais um consumidor precisa esperar por um produto, maior é a compensação financeira esperada, o que significa que os preços devem ser mais baixos ou o concorrente terá preferência, a menos que o produto seja único, desejado e exclusivo. Empresas que identificam a demanda são obrigadas a construir um modelo de fornecimento adequado e eficiente, correndo o risco de perderem mercado para a concorrência. Dominar os padrões de comportamento da demanda e a taxa de preferência temporal define estratégias avançadas de suprimentos, que não estão relacionadas apenas à redução de custos e ao aumento de prazos, mas sim à entrega de valor ao consumidor com resultados satisfatórios para o cliente.

A preferência temporal classifica concorrentes, fornecedores e clientes, sendo uma equação que determinará a alocação de caixa, os níveis de custo e os riscos, que convergem em lucro e liquidez. O estoque garante disponibilidade imediata, mas onera os custos e o caixa; a conveniência incrementa o valor, mas apenas se for mais eficiente do que a concorrência; a exclusividade permite que o consumidor espere, mas sempre haverá um limite. Ao criar a demanda, as empresas buscam se compensar pelo aumento dos resultados, que precisam se equilibrar ou serem melhores do que os da concorrência. A reatividade do mercado desafia os modelos de negócios convencionais e a cadeia de suprimentos, o que força níveis de estoque, fontes de fornecimento alternativas e inteligência estratégica. A área de suprimentos, ao se conectar com os produtos, projetar volumes, configurar fornecedores e definir níveis de eficiência, estabelece a equação da preferência temporal, com expectativas conhecidas de resultados para a empresa.

Antes de 1997, a Apple corria um grande risco de falência. O Macintosh estava constantemente perdendo mercado para PCs e Windows, a liderança da empresa estava em constante mudança e a concorrência era acirrada, com empresas como IBM, Compaq e Dell definindo modelos atraentes para os consumidores. O conselho de administração da Apple, que demitiu Steve Jobs em 1985, não deixou um bom legado, colocando o novo conselho em uma posição em que era preciso revolucionar a Apple ou admitir a falência. Steve Jobs foi a opção adequada para o cargo de CEO e para o plano de revolução em 1997. A primeira ação de Steve Jobs foi revisitar o portfólio de produtos, que estava excessivamente fragmentado. Relata-se que Steve criou dois eixos: o primeiro separava os produtos por desktop e *mobile*, e o segundo separava-os por home e *professional*. O objetivo era simplificar e alocar recursos e esforços adequadamente, com atenção específica ao valor agregado atribuído ao design e à integração de software e hardware. Esse raciocínio definido por Steve Jobs impulsionou o desenvolvimento de produtos que trouxeram ao mercado o iPod, iMac, MacBook e o revolucionário iPhone. Cada quadrante de produtos definia atributos que possibilitavam o desenvolvimento de produtos com uma vantagem competitiva extrema em relação aos concorrentes, tanto na agregação de valor quanto na gestão de custos e caixa. De um lado, havia produtos inovadores e, do outro lado, havia uma cadeia de suprimentos eficiente e simplificada.

As empresas precisam classificar seus produtos em categorias que permitam concentrar recursos, esforços e o modelo de negócios em um propósito coerente, o que define os clientes e a vantagem competitiva em relação aos concorrentes. Uma forma consistente de reconhecer como os produtos são classificados é por meio da matriz BCG, que foi proposta por Bruce Henderson em 1963 e é um modelo que permite compreender os produtos com base em dois eixos principais. O primeiro eixo representa o potencial de crescimento das vendas, enquanto o segundo eixo representa a participação relativa do produto nas vendas da empresa. Quando os dois eixos de Bruce são cruzados, eles definem quatro quadrantes categorizados como: vacas leiteiras, estrelas, interrogações e abacaxis.

As vacas-leiteiras são produtos com alta participação na receita da empresa, porém com crescimento insignificante. Esses produtos são estáveis e consolidados, requerendo baixos investimentos para manter sua posição no mercado, desde que não haja uma mega-tendência. A versão atual do iPhone pode ser classificada como uma vaca-leiteira, segundo a visão de Steve Jobs como um produto *mobile/home*. As estrelas são produtos com alta participação e alto potencial de crescimento na receita. Eles apresentam um crescimento rápido e demandam recursos para garantir sua continuidade e disponibilidade como vantagem competitiva. O Apple Watch se enquadra nessa categoria, pois impacta a receita e cresce em escala significativa. Atualmente, a quantidade vendida é maior do que toda a indústria de relógios suíços e cresce 30% ao ano. As interrogações são produtos com baixa participação, porém em crescimento. As vendas podem ser importantes, mas não representam a totalidade das vendas da empresa. Os AirPods se enquadram nessa classificação, com uma estratégia específica. Os abacaxis são difíceis de serem encontrados na Apple, pois são desativados e canibalizados ao longo do tempo. Produtos como Power Macintosh, iBook e iPod Clássico foram eliminados ao longo dos anos.

Classificar os produtos usando a matriz BCG simplifica a compreensão do portfólio de produtos da empresa, permitindo a alocação de recursos, estratégias e metas mais claras. Na área de suprimentos e cadeia de suprimentos, a classificação dos produtos possibilita estratégias específicas que consideram custo, estoque e fornecedores de forma distinta. Ao classificar os produtos, é importante prestar atenção às configurações específicas que equilibram a lucratividade e o fluxo de caixa, considerando a seleção de fornecedores, níveis de estoque, logística de produtos, prazos de pagamento, obsolescência e resiliência. O eixo de participação na receita está relacionado à alocação das vendas em relação à receita total, dando prioridade aos produtos que são economicamente relevantes para a empresa. O eixo de crescimento indica oportunidades de posicionamento no mercado em relação aos concorrentes e representa a aceitação. Nesses casos, a receita e o crescimento são expressivos, e os esforços são concentrados na conquista de participação de mercado até que as vendas se estabilizem. Durante esse período, é crucial satisfazer adequadamente os clientes, sendo a disponibilidade uma questão crítica para a área de suprimentos. A decisão de limitar o crescimento ou antecipar o fluxo de caixa em estoque precisa ser estrategicamente justificada.

Representar produtos na matriz BCG segue uma sistemática simples de organização, o que possibilita enquadrar os produtos que terão estratégias de suprimentos específicas. Abaixo estão listados 10 produtos que compõem um portfólio de vendas em dois períodos. A primeira etapa é definir as fronteiras de participação nas vendas, que no exemplo abaixo foi atribuída a condição de 80/20, onde os produtos que representam 80% das vendas são posicionados nos quadrantes superiores e os demais nos quadrantes inferiores. A representação gráfica abaixo estabelece a posição de cada produto, sendo que os produtos 1, 2, 3 e 4 correspondem a 80% das vendas. No entanto, possuem características distintas de crescimento. No exemplo abaixo, variações acima de 10% são consideradas produtos em crescimento. Portanto, os produtos 1 e 2 são classificados como vacas-leiteiras, enquanto os produtos 3 e 4, com crescimento de +12% e +25%, são enquadrados como estrelas.

| # | Ano 1 | Ano 2 |
|----|-------|-------|
| 1 | 215 | 206 |
| 2 | 142 | 143 |
| 3 | 89 | 100 |
| 4 | 58 | 73 |
| 5 | 46 | 48 |
| 6 | 41 | 40 |
| 7 | 18 | 17 |
| 8 | 11 | 14 |
| 9 | 6 | 6 |
| 10 | 3 | 3 |
|  | 629 | 651 |

Ao identificar que quatro dos dez produtos representam 80% do faturamento e confirmar que dois desses produtos ainda estão em pleno crescimento, é possível definir estratégias específicas e direcionar os recursos e esforços da empresa de forma adequada. A área de suprimentos, ao ter visibilidade sobre os produtos, antecipa opções que atendem às expectativas corporativas. As vacas-leiteiras estão mais relacionadas à criação de valor, enquanto as estrelas estão mais associadas à garantia de continuidade. A projeção de vendas requer o suporte dos suprimentos, e essa relação simbiótica define a melhor configuração da cadeia de suprimentos para os produtos, onde estabilidade, crescimento e descontinuidade estão relacionados a custos, lucro e fluxo de caixa.

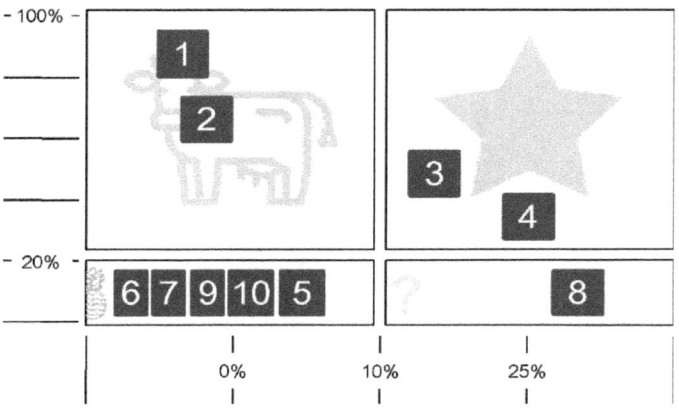

Vacas leiteiras são produtos com alta representatividade, como o Produto 1, que teve uma receita de R$ 206 mil no ano 2, representando 31% da receita total. No entanto, essa receita é menor do que no ano anterior, o que indica a ausência de crescimento. Os produtos vacas leiteiras vão além da receita gerada; eles desempenham um papel importante na absorção dos custos fixos e na geração de caixa para futuros projetos. Em tendências de declínio, são sinais de alerta sobre a vida útil do produto, concorrência e risco econômico, o que aciona planos estratégicos. Na área de suprimentos, os produtos vacas leiteiras recebem atenção específica para maximizar a eficiência, desde movimentações logísticas até níveis de estoque. A gestão eficiente da cadeia de suprimentos requer cuidados redobrados para esses produtos, envolvendo a seleção adequada de fornecedores, acordos de just-in-time, estoque consignado, preços competitivos e prazos adequados ao modelo de negócio. A estabilidade e a alta receita dos produtos vacas leiteiras exigem uma otimização constante, e a equipe de suprimentos dedica tempo em busca de soluções criativas. Ignorar desperdícios inibe o aumento dos lucros, resultando em uso indevido do capital para novos projetos. A área de suprimentos mapeia a cadeia de fornecimento e os fluxos logísticos, identificando perdas como rotas mal planejadas, estoques desnecessários, tempo de espera para carga e descarga, refugos de material e ociosidade na produção.

O foco dos suprimentos é a eficiência operacional, que é transmitida aos fornecedores, os quais precisam manter-se competitivos. A interação com fornecedores e *stakeholders* se concentra exaustivamente em idéias e opções que contribuam para a eficiência, reduzindo custos e aumentando o capital, ao mesmo tempo em que prepara novos produtos para uma configuração mais otimizada. A redução de custos flexibiliza as vendas quando o produto enfrenta concorrência, criando espaço para ajustar preços em troca de estabilidade ou manutenção da participação de mercado. Quando a Apple lança um novo iPhone, ao longo do tempo ela reduz os preços para manter o volume e competir adequadamente com a Samsung e outras marcas. Os lucros gerados são reinvestidos em lançamentos mais inovadores. A Apple projeta a vida útil de seus *smartphones* em três anos, alterando essa projeção somente diante da concorrência. Uma vaca leiteira não pode se transformar em um abacaxi sem acionar ações imediatas. Qualquer declínio que sugira instabilidade para uma vaca leiteira deve ser entendido e tratado prontamente.

Estrelas são produtos com potencial de incremento de receita; no entanto, também podem ser produtos para substituir vacas leiteiras. Lançamentos de novos produtos com aceitação no mercado definem produtos estrelas quando a receita associada a eles representa uma alta participação na receita total da empresa. Esses produtos recebem mais atenção e esforços de vendas, envolvendo a canibalização de volume e a conquista de participação de concorrentes. A área de suprimentos configura a cadeia de fornecimento para volumes escaláveis, adotando uma abordagem distinta em relação às vacas leiteiras, com foco na disponibilidade e no crescimento da demanda. Assim, a otimização de custos e de caixa torna-se secundária. A expectativa de crescimento exponencial da receita, impulsionada por mudanças no comportamento do consumidor, deve ser estrategicamente planejada. A abordagem de suprimentos concentra-se em ações que aumentam o estoque adequadamente, a velocidade dos fornecedores, a capacidade instalada e a configuração logística, com o objetivo de não perder nenhum pedido de compra dos clientes.

Produtos estrelas representam o portfólio de produtos do futuro, e o foco é atender às expectativas dos clientes, posicionando-se nos segmentos de atuação e estabilizar o volume em níveis planejados ou superiores. A equipe de vendas precisa alinhar-se com as expectativas de volume, considerando cenários pessimistas e otimistas, tornando os incrementos configuráveis e alocando recursos para suportar o crescimento do produto estrela. O lançamento de novos carros e eletrônicos segue um planejamento estratégico, no qual investimentos, alocação de recursos, preços de venda e custos estão associados a uma expectativa de volume, resultando em retorno do investimento, valor presente líquido e taxa de retorno do projeto. O objetivo é sempre superar o *status quo*, ou seja, alcançar resultados além do que já é reconhecido nos balanços e nos resultados financeiros.

Empresas imersas no paradigma de suprimentos são reativas em relação aos produtos estrelas, perdendo oportunidades e resultados importantes, uma vez que as informações estão concentradas em departamentos específicos. Essa reatividade leva a uma cadeia de fornecimento a adotar ações não planejadas, que prejudicam os resultados e tornam os suprimentos reféns das demandas temporais estabelecidas pelos elos da cadeia, ou seja, pelos clientes e fornecedores. Isso resulta em pressão por demanda e escassez de abastecimento. O aumento de custos torna-se uma opção viável, pois é a única maneira de atender ao aumento da demanda. Portanto, fretes aéreos, estoques desproporcionais e preços altos são aceitáveis. A urgência domina as discussões e os processos obsoletos apenas aumentam a pressão interna sem fundamentos práticos, uma vez que se pagam preços elevados e se perdem oportunidades, reduzindo os resultados.

Não havendo sinergia entre as áreas e conhecimento sobre os produtos, não há interesse mútuo pela disponibilidade, uma vez que há divergência nos indicadores, o que ocasiona resistência na execução. A associação dos produtos aos quadrantes BCG permite definir premissas de atuação que refletem em um processo decisório. As áreas interagem com expectativas de demanda e restrições de fornecimento, buscando soluções e decisões ágeis. A cadeia de fornecimento é configurada adequadamente para absorver variações, onde produtos vacas-leiteiras e estrelas são suportados por estratégias que minimizam gargalos, estoques e dependência, ao mesmo tempo em que aperfeiçoam eficiência. Nos capítulos 6 e 7, é explorada a interação entre os produtos e estratégias de fornecimento. Nesses capítulos, são abordados riscos de abastecimento e relações de dependência, sendo possível analisar desafios e definir estratégias. Enfatizar obstáculos que afetam a disponibilidade e relações que definem a dependência exige estratégias de suprimentos.

Em 20% da receita total da empresa, encontram-se os produtos de baixa participação, chamados de *slow-movers* ou *long-tail*. Esses produtos, quando tratados individualmente, têm receitas inexpressivas, mas em alguns modelos de negócio, têm valor, pois, devido à escassez e exclusividade, são passíveis de margens de lucro elevadas. Além disso, eles trazem a conotação ao mercado consumidor de que a empresa possui opções, o que facilita a penetração de vendas para um cliente ou segmentos e, posteriormente, a conversão de vendas em produtos vacas-leiteiras ou estrelas.

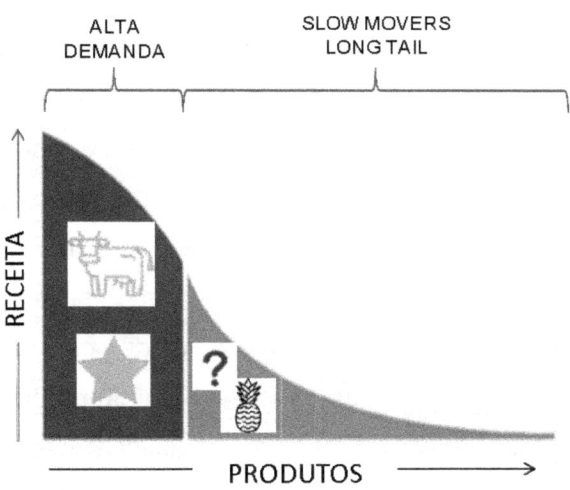

Nos produtos de baixa participação na receita, as interrogações são caracterizadas pelo crescimento, como o produto 8 do exemplo acima, que teve um incremento de volume de 25%. As interrogações sugerem flexibilidade nas vendas e complexidade na cadeia de suprimentos, exigindo uma análise mais aprofundada da relevância desses produtos no portfólio.

A abordagem de suprimentos para produtos interrogações é focada na obsolescência e nos níveis desproporcionais de estoque, entendendo que há uma vantagem competitiva e que tais produtos não são sensíveis a preços. A Apple aproveita essa possibilidade de exclusividade ao lançar ofertas específicas de cores para iPhones, fazendo com que os consumidores paguem mais por exclusividade, justificando a criação de complexidade na cadeia de fornecimento e a presença de produtos de longo alcance. As interrogações sugerem estratégias de padronização, onde os fornecedores podem lidar com alterações sem a necessidade de investimentos específicos, como cores, personalização e inclusão de opções. A empresa precisa entender que produtos de baixa receita, definidos como slow-movers e long-tails, terão um aumento de custos e precisam ser compensados no preço de venda. Para os suprimentos, o foco é evitar a obsolescência, portanto, fornecedores com tecnologia e processos flexíveis terão prioridade estratégica, desde que a velocidade de entrega seja adequada ao modelo de negócio e não haja necessidade de estoques desproporcionais com base em uma expectativa de venda que pode nunca ocorrer. A padronização absorve flutuações de demanda e garante estabilidade no ponto de abastecimento. Quando há variação de volume nos produtos interrogação e devido à padronização com produtos vacas-leiteiras e estrelas, o volume torna-se irrelevante para a cadeia de suprimentos, uma vez que ela está projetada para lidar com flutuações.

A exclusividade, quando aplicada a produtos interrogação, requer um diferencial competitivo, pressupondo que a área de suprimentos desconsiderará a atenção dada aos produtos vacas-leiteiras, onde custos e caixa recebem a atenção dos compradores. Nos produtos interrogação, é dedicada uma atenção estratégica à configuração de fornecedores para absorver complexidades e velocidade que beneficiam os níveis de estoque. Para isso, os clientes precisam estar dispostos a pagar por exclusividade, o que estabelece acordos de fornecimento exclusivos. Empresas que buscam lançar diversas linhas de produtos com alguma personalização conseguem aumentar o lucro, mesmo que esses produtos não atinjam o patamar de vacas-leiteiras e estrelas. A área de suprimentos acompanha os custos e a lucratividade dos produtos interrogação, no entanto, não se concentra em reduções de custos, uma vez que não contribui significativamente para o resultado geral da empresa. Se usarmos a tabela acima, o produto 8 tem uma receita de 14 mil, enquanto o produto 1 tem uma receita de 206 mil. O foco em reduzir 3% no produto 1 equivale a reduzir -40% aproximadamente do produto 8.

A coerência em garantir opções que facilite a abordagem de vendas não sugere que produtos de baixa participação na receita terão a mesma dedicação da área de suprimentos. Produtos *slow-movers* e *long-tail* devem considerar condições comerciais. Por exemplo, uma empresa pode lançar uma linha do Homem-Aranha como piloto, sendo reconhecida pelo consumidor como um produto com maior valor agregado, a ponto de pagar mais, mesmo que não gere receita expressiva. É um bom negócio, desde que a cadeia de suprimentos esteja bem configurada para quando esse produto não vender mais. Edições limitadas são exemplos de produtos "interrogação", pois validam a aceitação de um produto sem incorrer em investimentos substanciais, sendo uma validação para possível lançamento em escala, onde custo e preços são relevantes para conquistar uma importante participação de mercado.

Empresas que esperam da área de suprimentos a mesma dedicação de tempo e foco de atuação em custos e caixa para todos os produtos do portfólio perdem aderência na execução, pois se limitam em recursos e distorcem a atenção estratégica importante que diferencia os produtos. Ao classificar os produtos, fica clara a atuação da área de suprimentos, tanto do ponto de vista de custos quanto da disponibilidade para potenciais crescimentos exponenciais, sem negligenciar a obsolescência. O quadrante final na matriz BCG são os produtos "abacaxis". Esses produtos, quando inseridos em um *long-tail*, com alta margem de remuneração, são apenas mais um produto configurado pela área de suprimentos para incrementar a lucratividade ou flexibilizar a atuação de vendas com os consumidores. No entanto, eles devem ser revisados quando há dedicação de tempo, recursos e custos não condizentes. É necessário investigar os motivos para manter um produto "abacaxis" no portfólio de vendas. Esses produtos geram ruído operacional e, ao serem constantemente canibalizados por produtos com maior valor agregado, precisam de ações específicas de descontinuação. A obsolescência resultante dos "abacaxis" gera estoques parados difíceis de serem liquidados e impactando o balanço patrimonial dado restrição na utilização do caixa. A descontinuação segue um fluxo específico, desde questões legais de suporte ao cliente e garantia até a gestão de estoque e desativação para futuras vendas. A área de suprimentos precisa ter um plano consistente, alinhado com as demais áreas, sobre como tratar um "abacaxi" assim que identificado.

# [Capítulo 2] A Concorrência

"A concorrência não é o inimigo; ela é o meio pelo qual você pode medir e aprimorar a si mesmo e aos seus negócios."

(Jay Samit)

---

A década de 80 foi um período desafiador para as empresas americanas, quando empresas japonesas de automóveis, como Toyota, Nissan e Honda, e de eletrônicos, como Sony, Panasonic e Canon, entraram no mercado com reputação de alta qualidade e baixo custo. O Toyota Camry, Honda Accord e Nissan Maxima colocaram a General Motors e a Ford em desvantagem competitiva, conquistando impressionantes 30 a 40% do mercado americano. Os carros japoneses tinham mecânica confiável, consumiam menos combustíveis e tinham custo de manutenção mais baixo. Na mesma década, a Sony tirava *market-share* da GE e Zenith, marcas populares de televisores. A Panasonic desafiava

RCA e Magnavox em videocassetes e aparelhos de som, ao mesmo tempo em que a Canon desconstruía o império da Kodak e Polaroid.

A estabilidade das "vacas-leiteiras" só existe quando há um mercado sem concorrência, o que é privilégio somente de monopólios ou mercados utópicos. A atenção aos movimentos dos competidores estrutura a demanda e antecipa ações. A vantagem competitiva é o que traz valor ao produto e pode ser fundamentada em quatro pilares: qualidade, custos, disponibilidade e tecnologia. O consumidor reconhece valor quando correlaciona o produto ao que é entregue como vantagem competitiva, associado a um preço de venda. Em 1986, quando se tinha a opção entre comprar um Toyota Camry por um preço 25% inferior ao Ford Taurus, além disso, com tecnologia que gerava 20% menos consumo de combustível, menos manutenção de peças e alta qualidade na mecânica, não havia dúvidas da melhor opção. Contudo, o Toyota era fabricado no Japão e, em muitos casos, não tinha disponibilidade imediata. O posicionamento de um produto na vantagem competitiva entre concorrentes pode ser alocado em dois eixos: um eixo de valor que relaciona preço de venda com os quatro pilares e o custo de fabricação e aquisição do produto.

Nos anos 80, as empresas americanas estavam desesperadas para entender como os japoneses conseguiam ser tão competitivos e oferecer tanta qualidade. No entanto, foi a Rank Xerox a primeira a buscar explicações para as discrepâncias de custo e valor, quando enfrentou uma forte concorrência da Canon e Sharp. O processo de avaliar valor e custo seguia uma avaliação sistemática, chamada de engenharia reversa, e a comparação dos produtos da Xerox com a Canon e Sharp era chamada de benchmarking. Dessa forma, compreendia-se a vantagem competitiva e elaborava-se uma forma de contra-ataque. As empresas americanas demoraram uma década para se reorganizar, pois exigiu uma mudança de mentalidade, desde produzir com baixo desperdício até trabalhar de forma colaborativa com fornecedores. Conceitos que atualmente são reconhecidos como práticas de excelência foram introduzidos pela Toyota e quase quebraram a indústria americana nos anos 80, como *Lean Manufacturing*, JIT (Just-In-Time), *Kaizen* (Melhoria Contínua), *Poka-Yoke* (*Design to Manufacturing*) e *Kanban* (Controle de Produção).

Produtos "vacas-leiteiras" e "estrelas" estão suscetíveis a perder volume para a concorrência, que busca capturar participação de mercado oferecendo maior valor. O cliente escolhe comparativamente, estabelecendo comparações que evidenciam o melhor produto. A área de marketing desempenha um papel importante em ressaltar as vantagens competitivas de um produto em relação aos concorrentes, mas o preço é a referência predominante. Para isso, o produto precisa ter custos competitivos de fabricação, por isso, preços negociados com fornecedores, produtividade e nível de desperdício são essenciais para oferecer preços mais baixos que a concorrência. O valor pode ser desmembrado em outros critérios, com o intuito de captar segmentos específicos. Portanto, opcionais, durabilidade, design, usabilidade, serviço e entrega são fatores que incrementam a complexidade de atribuir valor a um produto.

A dinâmica de mercado estabelece competição, que se equilibra por decisões que relacionam preferência temporal, preço e valor. As empresas, por sua vez, quando conseguem entregar valor, precisam alocar o menor custo possível aos seus produtos, com o intuito de gerar lucro. Os preços referenciam a entrega de valor, mas também determinam a reputação, liderança e resultados financeiros de uma empresa. A estrutura de custos é gerida por salários, preços de compras, investimentos e produtividade, e a atenção executiva é direcionada para os desperdícios e o relacionamento com fornecedores, que, em alguns setores como o automobilístico, pode representar 60% de toda a estrutura de custo de uma empresa.

Jack Welch assumiu a General Electric em 1981, em um cenário em que a empresa perdia competitividade para empresas japonesas, além dos concorrentes Westinghouse, Siemens, Phillips e Honeywell. A gama de negócios da GE e o modelo de negócio ultrapassado exigiam uma revolução. O foco de Jack Welch foi direto onde a empresa se tornava a primeira ou segunda do segmento, senão sairia dele. Esse foco revolucionou a cultura da empresa, desde a análise criteriosa sobre a produtividade e capacidade dos funcionários e líderes (*Rank and Yank*), até a obsessão por qualidade (*Six Sigma*). Essa revolução abriu oportunidade para atuar em escala global e transformou a GE em uma das empresas mais bem-sucedidas do mundo nos anos 90. A habilidade em compreender a concorrência, definir os segmentos e mercados onde a GE agregava valor a custos competitivos e revolucionar a cultura organizacional que proporcionava melhoria contínua e alta qualidade mudou a forma como as empresas estabelecem vantagem competitiva.

As empresas, depois dos anos 80 e 90, se redesenharam e constroem estratégias visando clientes pela entrega de valor a baixo custo. Tanto a Toyota como Jack Welch perceberam que a parceria estratégica com fornecedores direcionava a empresa para um equilíbrio satisfatório entre valor e custo. Quanto mais o valor se distanciava do custo, maior a vantagem competitiva e mais distanciamento dos concorrentes. Os custos são estabelecidos pela alta eficiência, baixo desperdício, parceria estratégica, tecnologias de transformação e materiais, fundamentos culturais que se aplicam à empresa e à cadeia de fornecedores.

Para identificar se uma empresa é a 1ª ou 2ª no segmento, não basta apenas avaliar as vendas; é necessário identificar os concorrentes, entender o valor entregue e o custo relacionado para compreender as oportunidades e ameaças daquele segmento. A engenharia reversa se torna uma ferramenta necessária para compreender os produtos dos concorrentes e antecipar se vale à pena investir para conquistar a liderança daquele mercado. Liderança não significa ter apenas o melhor produto, mas sim a capacidade produtiva e a estrutura logística necessária. A engenharia reversa analisa minuciosamente um produto, desmontando cada parte de forma sistemática, possibilitando assimilar informações sobre o projeto, materiais e tecnologia. Dessa forma, soluções criativas são aprendidas e replicadas para melhorar os produtos próprios. Ao parametrizar e medir os produtos concorrentes, é possível classificar os produtos e marcas na matriz de custo e valor. Idealmente, é importante entregar valor ao consumidor, ao mesmo tempo em que se trabalha nos bastidores para reduzir custos, liderados por suprimentos e *stakeholders*. Agregar valor é diretamente proporcional às expectativas do cliente, enquanto a redução de custos é proporcional à eficiência. Na relação entre Toyota Camry, Ford Taurus e Chevrolet Malibu, concorrentes no mercado americano nos anos 80, é possível destacar a qualidade percebida pelo consumidor, o preço de venda e outros parâmetros, como consumo, manutenção e tempo de entrega. Esses fatores posicionam as marcas na matriz de valor e custo, o que orienta as ações.

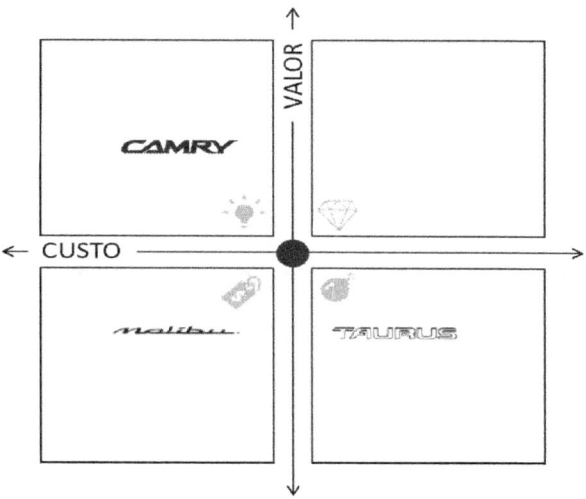

A estratégia de suprimentos deve se alinhar à vantagem competitiva em relação aos concorrentes, portanto, reduções de custos que comprometam o valor entregue ao cliente não são opções coerentes. A comparação entre produtos concorrentes identifica ameaças e oportunidades. Discrepâncias em custo ou valor identificadas desencadeiam mudanças no comportamento do consumidor, o que afeta a participação de mercado e representa um risco se afetar produtos "vacas leiteiras". Ao confirmar ameaças, como é o caso do Camry em relação à Ford e GM, a engenharia reversa e ações emergenciais se fazem necessárias, como acordos comerciais com fornecedores e lançamentos de novos produtos aprimorados. A análise dos concorrentes fundamenta custos, conceitos construtivos, processos e materiais associados. O custo de um produto concorrente pode ser obtido por meio de modelagem de custos, uma metodologia que será abordada no capítulo 9.

|  | Camry | Taurus | Malibu |
|---|---|---|---|
| Preço | $12,000 | $13,500 | $12,000 |
| Consumo | 11 km/l | 9 km/l | 10 km/l |
| Manutenção | $0.10/km | $0.12/km | $0.11/km |
| Entrega | 6 semanas | 4 semanas | 3 semanas |
| Qualidade | Alta | Média | Baixa |

Na tabela acima, é possível realizar comparações entre as diferentes marcas de veículos. As especificações básicas e as percepções dos clientes possibilitam posicionar cada carro no eixo de valor. No entanto, o eixo de custo também precisa ser preenchido, para isso, a engenharia reversa e a modelagem de custos são necessárias. A comparação antecipa ameaças e oportunidades por meio de discrepâncias. Quando os concorrentes desafiam produtos 'vacas-leiteiras' e 'estrelas', torna-se necessário prestar atenção corporativa, revendo tecnologias, processos e configuração da cadeia de fornecedores.

| Competências | Camry | Taurus | Malibu |
|---|---|---|---|
| Powertrain | $1,560 | $1,955 | $1,780 |
| Chassi | $1,250 | $1,580 | $1,350 |
| Elétrica | $680 | $930 | $750 |
| Eletrônica | $210 | $360 | $350 |
| Interirores | $750 | $940 | $800 |
| Segurança | $400 | $430 | $410 |
| Logística | $650 | $250 | $250 |
| Produção | $1,950 | $2,850 | $2,620 |
| Total | $7,450 | $9,295 | $8,310 |

Uma empresa precisa ter um bom relacionamento com fornecedores e inteligência estratégica para competir com concorrentes competitivos, sendo a área de suprimentos fundamental por possibilitar a construção dessa ponte, fornecendo informações cruciais para a comparação da vantagem competitiva. A separação dos custos por competência de engenharia proporciona uma visão abrangente das discrepâncias significativas, sendo possível compreender a complexidade de fabricação e materiais por meio da engenharia reversa e da modelagem de custos. A comparação entre produtos concorrentes capacita a empresa a construir caminhos que posicionem seus produtos na zona de alto valor e baixo custo, aumentando o resultado financeiro. Empresas com configuração de produtos de alto valor e baixo custo apresentam demonstrações contábeis, como a Demonstração de Resultados do Exercício (DRE) e o Balanço Patrimonial, mais atrativas para investidores e mais sustentáveis do ponto de vista econômico. No entanto, ainda é necessário excelência operacional para gerenciar o caixa, proveniente da boa gestão dos investimentos, clientes, estrutura interna e fornecedores.

Os dados contábeis mensuram o desempenho operacional e financeiro em um exercício, o que permite a comparação entre empresas. As empresas crescem organicamente, mas também por meio de inovação, competição ou aquisição, todos esses aspectos estão relacionados à remuneração do capital e geração de caixa. A lucratividade isolada, o custo de estoque e os prazos de pagamento aos fornecedores não têm aplicação comparativa prática se não forem consolidados em indicadores financeiros que demonstrem uma gestão empresarial eficiente e uma utilização eficaz dos recursos financeiros e intelectuais. A abordagem de alto nível proporciona uma execução baseada em dados numéricos, que traduzem expectativas em termos de preços, custos, volume, participação de mercado, investimentos, estoque, caixa e lucros, e podem ser compilados em informações financeiras executivas.

Produtos bem posicionados em termos de valor e custo têm uma vantagem competitiva e precisam remunerar o capital, ajustando o fluxo de caixa. Decisões executivas, como reduzir preços para aumentar a participação de mercado, influenciam o retorno do investimento, uma vez que o lucro é reduzido. Essas ações também exercem pressão sobre a área de suprimentos e fornecedores. Os prazos de pagamento podem ser estendidos com clientes para obter melhores preços ou maiores volumes, o que traz complexidade para a área de tesouraria e suprimentos, uma vez que a captação de caixa precisa ser recomposta por meio de bancos ou pelo alargamento de prazos com fornecedores. Perceba como, na gestão empresarial, os indicadores de retorno do investimento ao acionista e de gestão de caixa sempre mencionam a área de suprimentos e fornecedores.

Jack Welch tomou decisões importantes quando buscou colocar a General Electric em um patamar de excelência, lidando com *trade-offs*, uma habilidade fundamental de um gestor que busca impulsionar algo, que não é nada mais do que saber perder em prol de ganhos maiores. Jack Welch monitorava indicadores de retorno sobre o investimento (ROI) e liquidez dos negócios da GE, e além da premissa de que a GE precisava ser a primeira ou segunda do mercado, havia um racional financeiro para vender ou encerrar operações, o que sugere perdas tanto sociais quanto econômicas. Essas ações de Jack Welch no início foram extremamente impopulares. Um indicador chave é o retorno sobre o investimento (ROI), que demonstra quanto é retornado aos cofres da empresa como lucro para cada dólar investido, sendo um princípio básico do capitalismo que tornou a Holanda uma hegemonia global no século XVII, desconstruindo o feudalismo e o mercantilismo. Empresas capitalistas precisam remunerar investidores e, em ambientes competitivos, a habilidade de gestão e a capacidade de tomar decisões são o que diferenciam empresas líderes de seguidoras.

O Demonstrativo de Resultados de Exercício (DRE) de uma empresa consolida números contábeis, desde o faturamento até como despesas e custos são descontados, resultando em lucro operacional. Os lucros precisam ser associados aos ativos da empresa, que são encontrados no balanço patrimonial. O EBITDA é o lucro antes de juros, impostos, depreciações e amortizações e é uma linha importante no DRE. A matemática do Retorno do Investimento (ROI) é a associação do EBITDA como numerador e do ativo total como denominador, o que demonstra, em um período, como cada $1 investido está sendo remunerado percentualmente. Comparar o ROI dos concorrentes demonstra a capacidade de cada empresa gerar valor sobre o capital investido. Em 2022, a receita da GE apresentada no DRE foi de $76.5B, com EBITDA de $6.5B. O balanço contabiliza um ativo total de $188.8B, resultando em um ROI igual a 3.5%. Contudo, esses valores precisam ser comparados com empresas do mesmo setor, sendo a Siemens AG uma concorrente da GE. Em 2022, a receita da Siemens AG apresentada no DRE foi de €75.5B, com EBITDA de €11.3B. O balanço contabiliza um ativo total de €151.5B, resultando em um ROI igual a 7.5%. A comparação demonstra que a Siemens AG teve um desempenho melhor que a GE em 2022, quando se trata de retornar capital.

O ROI é influenciado pela área de suprimentos quando a cadeia de fornecimento tem uma configuração eficiente de logística e preços de materiais. Para isso, negociações, desenvolvimento de fornecedores e *re-design* de produtos incorporam ações recorrentes na organização. Quanto melhor a área de suprimentos avança com reduções de custos, utilizando recursos de forma eficiente, melhor se percebe o efeito na linha de EBITDA e Ativo Total. Para a GE equiparar-se à Siemens AG em desempenho do ROI em 2022, considerando a receita e o ativo total congelados, seria necessário reduzir $7.75B dos gastos operacionais. Ao compreender como os resultados são formados, a estratégia toma forma, definindo desde segmentos de atuação até a otimização de produtos, mas também exigindo esforço e necessidade de soluções criativas que não estão relacionadas apenas a custos, mas sim ao valor.

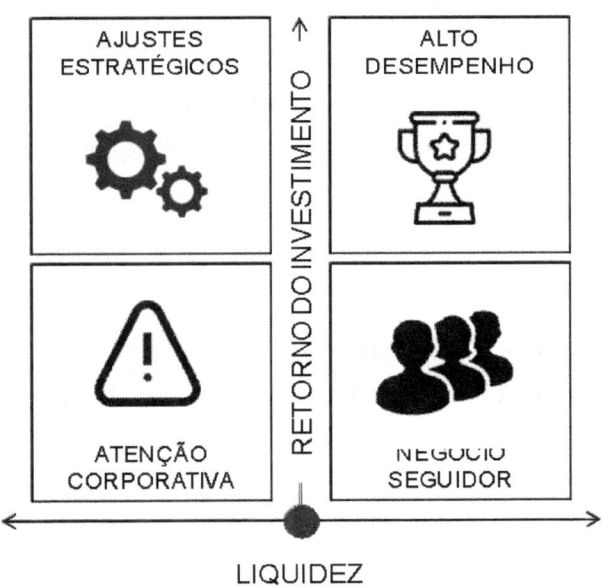

O retorno sobre o investimento deve ser comparado entre os diversos players ou o principal concorrente. Se esse indicador estiver abaixo da média de mercado, isso desencoraja os acionistas a investir, preferindo opções mais lucrativas. Claramente, isso dependerá do valor das ações e da remuneração delas, o que define outras abordagens fundamentais. Em benchmark financeiro, o ROI precisa ser combinado com a liquidez da empresa. Como mostrado no gráfico acima, a liquidez é definida pelo equilíbrio entre contas a pagar e a receber, resultando em um número acima de um. Empresas com liquidez acima de um podem ser líderes ou seguidoras, mas aquelas abaixo de um precisam de ajustes ou estão em risco. A falência de uma empresa ocorre devido a uma má gestão do fluxo de caixa, que está relacionada à preferência temporal do segmento e às dinâmicas comerciais com clientes e fornecedores. Quanto maior a capacidade de se distanciar positivamente do número um, maior a vantagem competitiva da empresa em relação aos concorrentes. Gerenciar com eficiência a complexidade das entradas e saídas de dinheiro influencia o modelo de negócio. Quanto mais dinheiro for recebido à vista e mais for pago a prazo, mais se espera que a saúde financeira seja boa. A matemática relaciona os ativos circulantes, excluindo o estoque, como numerador e os passivos circulantes como denominador. A matemática da liquidez é a associação dos ativos circulantes, excluindo o estoque, como numerador e dos passivos circulantes como denominador, o que demonstra, ao longo de um período, a capacidade da empresa de gerar fluxo de caixa a partir do modelo de negócio e operação estabelecidos. A liquidez revela qual empresa possui uma saúde financeira melhor e uma melhor gestão dos ativos e passivos. Em 2022, a GE relatou $58.3B em ativos circulantes, $14.8B em estoques e $49.4B em passivos circulantes, resultando em uma liquidez de 0.96. Enquanto isso, a Siemens AG apresentou $58.8B em ativos circulantes, $10.2B em estoques e $42.6B em passivos circulantes, resultando em uma liquidez de 1.14.

Ativos são os direitos e valores realizáveis que representam entradas de caixa, tanto no curto prazo quanto no longo prazo, como dinheiro, equipamentos e promessas de pagamento. Os ativos circulantes são aqueles que a empresa possui e realizará no período de um exercício, incluindo caixa, contas bancárias, contas a receber e estoques. Por outro lado, os ativos não circulantes englobam os bens e direitos que serão realizados além do exercício, como ativos imobilizados e investimentos. Por outro lado, os passivos representam as obrigações e pagamentos, sendo os passivos circulantes as obrigações a serem pagas no exercício atual, como fornecedores, empréstimos e impostos, e os passivos não circulantes as obrigações a serem pagas em longo prazo, como empréstimos de longo prazo. O patrimônio líquido representa a diferença entre os ativos totais e os passivos totais, representando as reservas de capital da empresa. São necessárias 5 informações para compor o ROI e a liquidez de uma empresa, possibilitando uma análise comparativa que demonstra a performance operacional. A GE possui um portfólio amplo e diversificado, com foco na geração e distribuição de energia, fabricação de motores para aviação comercial e militar, equipamentos para diagnóstico de imagem e produtos de energia renovável, como eólica e solar. Não há concorrentes com o mesmo portfólio, mas a Siemens AG, Rolls-Royce e Philips disputam *market-share* em diferentes segmentos, o que permite uma comparação de desempenho.

|  | GE | Siemens AG | Rolls-Royce | Philips |
|---|---|---|---|---|
| Receita | $76.5 | €73.5 | £13.5 | €17.8 |
| EBTIDA | $6.5 | €11.3 | £-0.2 | €0.1 |
| Ativo Total | $188.8 | €151.5 | £29.4 | €30.6 |
| Ativo Circulante | $58.3 | €58.8 | £16.1 | €10.2 |
| Estoques | $14.8 | €10.2 | £4.7 | €4.0 |
| Passivo Circulante | $44.9 | €42.6 | £13.9 | €7.9 |
| | | | | |
| ROI | 3.4% | 7.5% | - | 0.4% |
| Liquidez | 0.96 | 1.14 | 0.82 | 0.78 |

Ao compreender a liquidez e o retorno de investimento da empresa e de seus competidores, é possível estabelecer estratégias que envolvem o aumento do prazo de pagamento com fornecedores e negociações para redução de custos. Todo negócio deve buscar um coeficiente de liquidez acima de um, a menos que seja característico de um determinado segmento atual com suporte de capital. Normalmente, empresas intermediárias atuam com base em planejamento e possuem velocidade de adaptação a um contexto de mercado. Para negócios em que a disponibilidade é um valor entregue ao cliente e complementa a preferência temporal do setor de atuação, é importante ter uma obsessão pelo equilíbrio dos ativos e passivos circulantes, assim como um controle adequado do estoque.

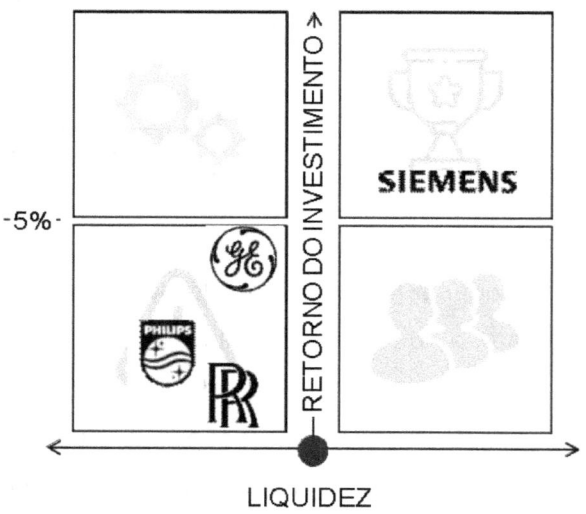

A análise dos indicadores econômicos das empresas que competem com a GE revela uma desvantagem da GE em relação à Siemens, mas uma vantagem em relação à Rolls-Royce e à Philips. A Rolls-Royce atua como concorrente no segmento de aviação, enquanto a Philips atua no segmento de diagnóstico por imagem.

Essa associação proporciona uma série de metas que definem o planejamento estratégico de longo prazo da empresa. A Rolls-Royce, com EBTIDA negativo, é forçada a se reestruturar e buscar ações que a coloquem em um patamar que gere retorno ao investidor. Caso contrário, há sérios riscos de falência devido ao desequilíbrio do fluxo de caixa. Essa posição enfraquecida é uma oportunidade para a GE conquistar *market-share* e melhorar a lucratividade no segmento. A Philips, por sua vez, apresenta uma situação pontual em 2022, o que enfraquece a empresa e cria oportunidades para a GE, mas não há indícios de falência.

Ao avaliar competidores dentro do mesmo setor, a análise do demonstrativo de resultados e balanço patrimonial pode ser mais aprofundada. No entanto, apenas o ROI e a liquidez já acionam possíveis ações na área de suprimentos. Em segmentos onde a parcela de gastos é relevante para a construção do EBITDA, são frequentes as ações na cadeia de fornecimento, que precisam ser amparadas por estratégias de compras, parcerias estratégicas e configuração logística. A geração de resultados não ocorre de um ano para o outro, e os fornecedores também não querem se comprometer com clientes de baixa liquidez e baixo ROI. Os resultados financeiros não influenciam apenas o interesse do acionista, mas também o mercado de ponta a ponta, dos clientes aos fornecedores. Avaliar o histórico de resultados para evidenciar consistência estratégica também traz sinais de eficiência operacional. As reflexões decorrentes dessas análises abordam a gestão e as tecnologias que geram valor e eficiência. Produtos bem posicionados na matriz de valor e custo aumentam o ROI e são alavancas importantes para abordar fornecedores. A área de suprimentos orienta o mercado e fundamenta ações com base nos resultados da empresa, como configurar a cadeia de suprimentos, desenvolver novas tecnologias e negociar com firmeza. A visão comparativa dos concorrentes ganha relevância ao apresentar oportunidades ou ameaças para a empresa. No caso da GE, persuadir o mercado consumidor da Rolls-Royce e Philips talvez redesenhe resultados expressivos que proporcionem uma atuação mais forte contra a Siemens.

A área de suprimentos desempenha um papel crucial e se torna ainda mais estrategicamente relevante quando consegue traduzir o negócio em ações específicas dentro da base de fornecimento. Os indicadores de ROI e liquidez são pontos de partida para conectar resultados com ações, onde projetos e configurações que aumentam o ROI ou permitem que a empresa mantenha uma liquidez acima de um trazem vantagem competitiva em relação à concorrência. A conexão entre a estratégia de suprimentos e a validação econômica será abordada nos capítulos 8 e 11. Um bom projeto não é apenas aquele que reduz custos ou estende prazos, mas também é importante compreender a alocação de capital, os prazos de implementação e a adição de valor.

# [Capítulo 3] O Modelo de Negócio

"Não importa o quão brilhante seja a sua mente ou estratégia, se você estiver jogando um jogo de negócios sem um modelo de negócios, você não tem nada."

(Peter Thiel)

---

Em 2003, os engenheiros Martin Eberhard e Marc Tarpenning tinham a idéia de um carro de alto desempenho sem a dependência de combustíveis fósseis, na época onde a GM tinha o EV1, a Toyota o RAV4 EV e a Ford o Think, veículos compactos com autonomia próxima de 100 km, mas os EUA não providenciavam infra-estrutura para recarregar carros elétricos e os carros atuais não despertavam interesse dos consumidores. Em 2004, Elon Musk investiu 6.4 milhões de dólares na empresa e liderou o desenvolvimento do primeiro veículo, chamado Roadster. O capital de Musk e sua capacidade de execução foram cruciais para que, após quatro anos, o 1º veículo Tesla fosse lançado.

O modelo de negócio da Tesla é peculiar em relação às outras montadoras de carros tradicionais, onde o foco é exclusivo em veículos elétricos, em um portfólio enxuto de produtos. A abordagem simplificada integra infraestrutura de recarga, tecnologia, *design*, produção e distribuição. A venda de veículos dispensa intermediários, como concessionárias, possibilitando atenção especial à experiência do consumidor e otimiza margens de contribuição. Contudo, a responsabilidade de distribuição, manutenção e reclamações recai sobre a montadora. No lançamento, foram produzidos aproximadamente 2.500 Roadsters e, após quase 15 anos, a Tesla atingiu o pico de produção de mais 1.7 milhões de veículos no ano. Para estar à frente dos competidores, a Tesla conta com parceiros estratégicos, com destaque para a Panasonic e NVIDIA, fornecedores que investem e co-desenvolvem produtos personalizados que aperfeiçoam desempenho. A Tesla fechou 2022 com ROI de 6.5% e liquidez de 1.57.

Empresas líderes em seus segmentos contam com modelos de negócios específicos, que são desenhados a partir de uma proposta de valor, definindo condições-chave, clientes e fluxo financeiro. Por exemplo, o McDonald's não pode ser simplificado por um hambúrguer, muito menos a Zara por uma roupa. Quando há fome, é gerada uma demanda e o McDonald's torna-se uma opção por estar bem posicionado, com preços adequados e produtos conhecidos e disponíveis. Há um posicionamento assertivo de preços em relação à concorrência e, como resultado, a empresa gera ROI de 17% e liquidez de 1.1. O McDonald's, ao padronizar produtos globalmente, constrói escala e direciona atenção à estrutura de custos e fornecedores chave, assimilando as melhores localizações e demandas. O foco em qualidade e padronização direciona produtividade contínua e baixo desperdício. A preferência temporal no segmento de alimentação possibilita pagamento à vista. Contudo, produtos perecíveis sob alta rotatividade é um desafio para a área de suprimentos.

Agora, quando há um convite para um evento, é gerada uma demanda e a Zara torna-se uma opção por disponibilizar tendências de moda a preços acessíveis. Há uma configuração específica na Zara que disponibiliza novidades constantemente no conceito de fast fashion. Todas as semanas existem novas cores, cortes e designs sendo entregues, sendo uma opção para consumidores que buscam modelos exclusivos. A Zara é gerenciada pela Inditex e, oferecendo preços assertivos e equiparados à concorrência, o ROI é de 17% e a liquidez de 1.5. Os profissionais da Zara são desafiados a disponibilizar tendências de forma rápida e em quantidades reduzidas, dada as flutuações de demanda no segmento de moda.

Empresa se estabelece a partir da proposta de valor, que pode ser inovadora ou copiada; o ROI é um indicador que determina se a proposta de valor pode ser validada. Valor é entregar algo que o mercado concorrente não entrega, podendo estar no produto, no serviço, na experiência do usuário e em qualquer atributo criativo que atenda ao desejo de uma gama relevante de clientes. Empresas líderes em seus segmentos entregam alto valor e alto ROI, mas podem entregar baixo ROI quando mal gerenciadas. Empresas seguidoras buscam copiar propostas de sucesso, e normalmente se deparam com alta concorrência, o que dificulta um alto ROI e banaliza a proposta de valor. ROI definido por duplo dígito é reconhecido como alto desempenho, considerando a avaliação comparativa de empresas líderes em seu segmento.

As empresas listadas abaixo não são líderes em seus segmentos, mas possuem propostas de valor específicas, acumulando receitas de mais de $2.7 trilhões de dólares, com média ponderada de ROI de 17% e média ponderada de liquidez de 1.5. É importante referenciar líderes dos diversos setores e setores similares de atuação para entender a preferência temporal do segmento e os resultados gerados por líderes. O mercado de ações possibilita relacionar informações e garante atualização trimestral.

| Empresa | Categoria | Receita | ROI | Liquidez |
|---|---|---|---|---|
| Apple | Dispositivos Móveis | $365.7 | 33.92% | 1.36 |
| Amazon | Varejo Online | $386.1 | 16.13% | 0.98 |
| Toyota | Fabricação Automóveis | $275.3 | 9.16% | 1.12 |
| P&G | Cuidados Pessoais | $70.7 | 18.12% | 0.89 |
| Walmart | Varejo | $524.0 | 5.85% | 0.81 |
| Nestlé | Produtos Alimentícios | $93.4 | 13.73% | 1.19 |
| Coca-Cola | Bebidas Não-Alcoólicas | $33.0 | 14.54% | 1.09 |
| McDonald's | Fast Food | $22.8 | 24.58% | 2.08 |
| Inditex (Zara) | Roupas e Acessórios | $33.3 | 14.76% | 1.65 |

A área de suprimentos influencia decisões estratégicas que afetam o modelo de negócio. No entanto, ao entender como o negócio é estabelecido, seus objetivos, estratégias e a configuração da cadeia de fornecimento tornam-se coerentes. Cada modelo de negócio atua a partir de configurações específicas de fornecedores e definição logística, onde o sucesso de suprimentos para o McDonald's não se aplica à Zara. Modelar e compreender o negócio suporta definições estratégicas;

a proposta de valor define parcerias, estrutura organizacional e segmentos de atuação, tudo respaldado por um fluxo de receita e gastos saudável.

Com o advento de startups desde 2000, tornou-se notória a necessidade de modelar os novos negócios, possibilitando antecipar desafios na organização e configuração da estrutura da forma mais adequada possível. Alexander Osterwalder propôs um modelo simplificado que ajudaria jovens empreendedores a desenhar melhor o negócio, baseado em 9 caixas essenciais, o *Business Model Canvas*. Ele organizou de forma intuitiva e prática das *startups*, possibilitando que muitas delas fossem bem-sucedidas. Um negócio parte da proposta de valor, que estabelece demandas e segmentam clientes potenciais, a estrutura organizacional relaciona-se com recursos e atividades-chave, definidas por importante parceria e conectadas à proposta de valor. A configuração do funcionamento da empresa deve estruturar departamentos e tomadores importantes de decisão, sendo a validação respaldada por resultados favoráveis, que relacionam o fluxo de receitas e gastos. As nove caixas do *Business Model Canvas*, ao serem implementadas para o McDonald's, definem a priorização dos franqueados (parcerias-chave) a partir de uma localização do ponto e produtos padronizados de alta qualidade (proposta de valor), a configuração da cadeia de suprimentos possibilita estabilidade e custo competitivo (estrutura de custos). Na Zara, entretanto, o *Business Model Canvas* compreende a importância da segmentação de clientes e tendências de moda (proposta de valor), onde identificar, desenvolver, confeccionar e entregar rapidamente (atividades-chave) mantém o cliente engajado, logo lotes de produção adequados e renovação precisam adequar-se às ofertas (fluxo de receitas).

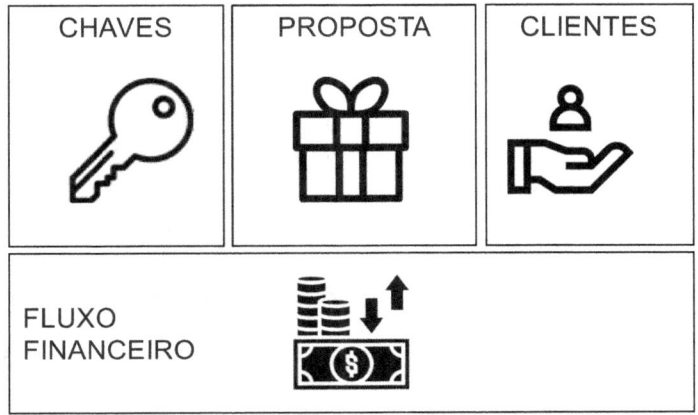

O Business Model Canvas organiza a estruturação do modelo de negócio em nove caixas, contudo quatro relações ligam todos os pontos. Um negócio parte da proposta de valor, nesta etapa como a empresa se diferencia dos concorrentes, como deve ser vista pelos consumidores, funcionários e sociedade. A Amazon, como proposta de valor, entrega conveniência para uma ampla gama de produtos; além disso, personaliza a experiência do usuário. A Apple, como proposta de valor, entrega inovação e design, com sistemas integrados de fácil usabilidade em produtos confiáveis. A Samsung, como proposta de valor, entrega inovação e uma variedade de produtos para diversos segmentos. A Toyota, como proposta de valor, entrega eficiência, qualidade e confiabilidade a preços competitivos. A Coca-Cola, como proposta de valor, entrega reconhecimento da marca, qualidade, conexão emocional e disponibilidade global. A Nestlé, como proposta de valor, entrega qualidade, uma gama de produtos reconhecidos, confiança e segurança alimentar. As empresas citadas acima são líderes em seus segmentos e têm reconhecimento e reputação global. Seus produtos e marcas têm fidelidade do consumidor e precisam ser constantemente reforçados para evitar migração de clientes para a concorrência. A estrutura das empresas líderes é robusta para entregar o valor prometido aos clientes. A relação com os clientes define estratégias e esferas de pré-venda, venda e pós-venda, que por sua vez definem planejamento estratégico, prioridade e execução.

Na pré-venda, prospectam-se clientes com a proposta de valor da empresa, focando em segmentos com potencial de expansão. O funil de vendas alocará capital e recursos para marketing, supressão de barreiras de entrada e diferencial competitivo. Na venda, a atenção está nas transações comerciais que não devem ser empecilho para o cliente. Portanto, prazos, preços e formas de pagamento são ajustados para melhor conversão. Na pós-venda, a atenção volta-se para os clientes ativos, com um plano de fidelização. Essa abordagem movimenta a empresa líder de mercado, que busca manter market-share dos produtos vacas-leiteiras e antecipar e alavancar a escala dos produtos estrelas.

A proposta de valor se relaciona com os clientes, que se divide em três caixas do Business Model Canvas. A 1ª caixa é o relacionamento com os clientes, que define as estratégias de relacionamento diretamente ligadas à proposta de valor e abordagens de pré-venda e pós-venda. A 2ª caixa são os canais de venda, que definem como a venda e as transações comerciais ocorrerão. A 3ª caixa são os segmentos de clientes, que define como os públicos são organizados e quais os perfis de consumidores e segmentos com potencial.

A Tesla não possui concessionárias; todo o relacionamento da empresa com os consumidores é feito diretamente por funcionários da Tesla e pela internet. O relacionamento com os clientes é personalizado, os canais de compra são pela internet, e a segmentação é baseada no tipo de carro, no poder aquisitivo do consumidor, no país de residência e nos benefícios governamentais. Isso divide as linhas de veículos e os opcionais para cada carro, assim como define planos de infra-estrutura para cada região. Contudo, a relação com os clientes, a partir de uma proposta de valor, precisa ser executada com excelência para garantir a manutenção e crescimento dos negócios. Neste momento, entra a relação com as áreas-chave, que se divide em três caixas: a 1ª caixa são os parceiros-chave, que define os parceiros essenciais para manter a proposta de valor ativa ou construí-la; a 2ª caixa são as atividades-chave, que define a estrutura organizacional, tomadas de decisão e atividades que materializam a proposta de valor; a 3ª caixa são os recursos-chave, que determinam o mínimo e o ideal necessário para que as coisas aconteçam como recursos financeiros, intelectuais, humanos e infra-estrutura básica.

A Amazon, para cada clique de compra que confirma uma transação de venda em diversos lugares do mundo, precisa ser ágil na entrega para manter a reputação de conveniência do cliente. Parceiros logísticos, armazenagem e fornecedores confiáveis são essenciais para que a proposta de valor mantenha-se ativa. Contudo, a tecnologia de informação, que aperfeiçoa a experiência do usuário, precisa ser financiada. Logo, a cadeia de suprimentos e a tecnologia de informação tornam-se atividades-chave para a empresa, o que demanda recursos constantes para otimização e diferenciação em relação aos concorrentes. Entretanto, uma boa proposta de valor, com um bom relacionamento com clientes e estruturação da relação com as áreas-chave, não se fundamenta se não houver resultado financeiro adequado, que significa gerar lucratividade com adequado fluxo de caixa. Logo, a proposta de valor define a vantagem competitiva, os clientes definem a demanda e as áreas-chave as entregas, sendo a relação com o resultado a consolidação de um negócio viável. O resultado no *Business Model Canvas* divide-se em duas caixas: a 1ª caixa é o fluxo de receitas, que envolve entender preços, prazos e volumes; a 2ª caixa é a estrutura de custos, que compreende gastos, prazos e inventários.

A Tesla não tem concessionárias, todas o relacionamento da empresa com consumidores é feita diretamente por funcionários Tesla e internet, o relacionamento com clientes é personalizado, o canais de compra é a internet e a segmentação é baseada no tipo de carro, no poder aquisitivo do consumidor, no país de moradia e no benefícios governamental, isso divide as linhas de veículos e os opcionais para cada carro, assim como define planos de infra-estrutura para a região. Contudo a relação com clientes a partir de uma proposta de valor precisa ter uma execução com excelência para que haja manutenção e crescimento dos negócios, é neste momento que entra a relação com as áreas chaves, que se divide em três caixas, a 1ª caixa são os parceiros chaves, que define parceiros essenciais para manter a proposta de valor ativa ou construí-la, a 2ª caixa são as atividades chaves, que define a estrutura organizacional, tomados de decisão e atividades que materializam a proposta de valor, a 3ª caixa são os recursos chaves que determinar o mínimo e o ideal necessário para que as coisas aconteçam como recursos financeiro, intelectuais, humanos e infra-estrutura básica.

A Amazon para cada clique de compras que confirma uma transação de venda em diversos lugares do mundo precisa ser ágil na entrega para manter a reputação de conveniência do cliente. Parceiros logísticos, armazenagem e fornecedores confiáveis são essências para que a proposta de valor mantenha-se ativa, contudo tecnologia de informação, que aperfeiçoa a experiência de usuário precisa ser financiado, logo o a cadeia de suprimentos e a tecnologia de informação tornam-se atividades chaves para a empresa, o que demanda recursos constantes para otimização e diferenciação com relação ao concorrentes. Entretanto uma boa proposta de valor, com um bom relacionamento com clientes e estruturada relação com áreas chaves não se fundamentam se não houve resultado financeiro adequado, que significa gerar lucratividade com adequado fluxo de caixa. Logo, a proposta de valor define a vantagem competitiva, os clientes definem a demanda e as áreas chaves as entregas, sendo a relação como o resultado a consolidação de um negócio viável, o resultado no *Buiness Model Canvas* divide-se em duas caixas, a 1ª caixa é o fluxo de receitas, que entender preços, prazo, e volumes, a 2ª caixa é a estrutura de custos, que compreende gastos, prazos e inventários.

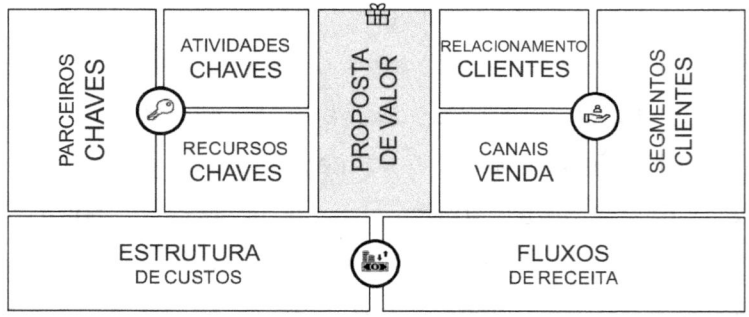

Negócios amparados por uma boa proposta de valor, relações-chave e clientes respaldados por eficiência do

ROI e liquidez são considerados sucessos. A área de suprimentos tem ação em todas as relações, inclusive na criação de valor. É importante compreender como a área de suprimento se adéqua ao modelo de negócio da empresa e proporciona mais eficiência operacional para que o valor entregue seja reconhecido pelo cliente. Uma empresa precisa de lucro e caixa; contudo, os indicadores executivos são mensurados pelo retorno do investimento. Na matriz de ROI vs. proposta de valor, é possível classificar empresas concorrentes e líderes de mercados com o intuito de entender a percepção de valor dos clientes e a estrutura organizacional que proporciona eficiência.

A Tesla é líder no mercado de automóveis elétricos, com um modelo de negócio que elimina intermediários e conecta a empresa diretamente com os clientes através de um portfólio enxuto de carros elétricos inovadores de ótimo desempenho em consumo e potência. A Tesla é seguida por competidores como Hyundai, BMW e Stellantis, com modelos de negócio distintos e reputações globais específicas. Todos os concorrentes oferecem carros à combustão, sendo o carro elétrico parte do modelo de negócio. Cada um dos concorrentes apresenta modelos de negócios distintos com resultados consolidados que validam a relação da marca com o consumidor.

A Tesla cresce exponencialmente atingindo $80 bilhões de dólares de faturamento, enquanto a BMW apresenta $160 bilhões, a Hyundai $115 bilhões e a Stellantis $200 bilhões. Redesenham um novo modelo de negócio com base em fusões, onde marcas como PSA e Fiat se unem para construir sinergia e competir significativamente.

| Empresa | Receita | ROI | Liquidez |
|---------|---------|------|----------|
| Tesla | $80B | 6.5% | 1.5 |
| Hyundai | $115B | 6.5% | 0.6 |
| BMW | $160B | 7% | 1.1 |
| Stellantis | $200B | 12% | 1.0 |

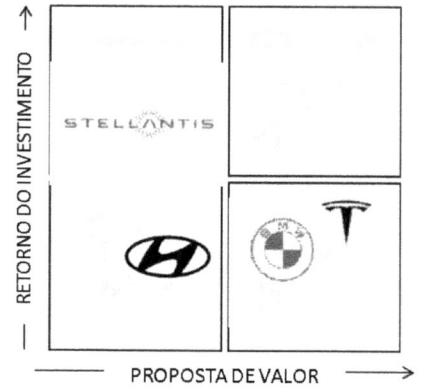

RETORNO DO INVESTIMENTO

PROPOSTA DE VALOR

O posicionamento da empresa é baseado no mercado de automóveis elétricos, onde, ao detalhar os modelos de negócios, apesar de a Tesla não estar posicionada como líder, dado o retorno do investimento, é importante considerar o crescimento exponencial, que exige alta alocação de capital e distorce o fluxo financeiro. Contudo, a BMW, que está posicionada no mesmo quadrante, tem um modelo de negócio tradicional e conservador, que segmenta clientes com base no poder aquisitivo através de revendedores devidamente treinados para oferecer experiência ao usuário. A engenharia da BMW é de ponta, e os carros elétricos lançados têm boa reputação. A Stellantis, após a fusão, mantém uma proposta de variedade de produtos, com ampla segmentação de clientes através de diversas marcas como Fiat, Citroen, Peugeot, Maserati, Dodge e Jeep. A fusão da Stellantis demanda atenção nas operações e finanças, com foco em eficiência e sinergia, demonstrando sucesso devido ao ROI. No entanto, os investimentos em produtos e *market-share* precisam ser vistos como uma proposta de valor diferenciada. A Hyundai, por sua vez, se enquadra em um quadrante crítico. Apesar da estabilidade de receita e do ROI alinhado com a média, a liquidez é desbalanceada, e a variedade de produtos precisa ser seguida de preços competitivos para atrair consumidores, reduzindo a margem de lucro. No entanto, a Hyundai investe em outras tecnologias, como a hidrogênio, que pode mudar o jogo caso às opções de carros a combustão e a bateria se torne inviável. A estabilidade de receita demonstra o tamanho da Hyundai em relação ao mercado, o que impulsiona ações da empresa para sair do quadrante crítico.

| Empresa | Proposta de Valor | Clientes | Chaves | Fluxo |
|---|---|---|---|---|
| Tesla | Tecnologia | Relação Direta | P&D Marketing | Médio ROI Alta Liquidez |
| Hyundai | Variedade | Concessionárias | P&D Marketing | Médio ROI Baixa Liquidez |
| BMW | Qualidade | Concessionárias | P&D Qualidade | Médio ROI Média Liquidez |
| Stellantis | Variedade | Concessionárias | P&D Surpimentos | Alto ROI Média Liquidez |

Um modelo de negócio é regido por um planejamento estratégico de longo prazo, definido por liderança e tomadores de decisão que determinam a geração de produtos atuais e futuros. Os produtos são custeados e desenvolvidos em uma configuração eficiente da cadeia de suprimentos, que visa disponibilidade e uma estrutura de custo competitiva. A antecipação dos gastos e investimentos com base em uma expectativa de demanda é providenciada através do conhecimento da cadeia de fornecimento, sendo coerente a área de suprimentos se inserirem ao planejamento estratégico, sugerindo propostas de valor, sinergias, consolidações, padronizações e eficiências operacionais. Antecipar a estrutura de custos define assertividade na utilização de recursos e suporta a construção das metas de ROI e liquidez. Em mercados dinâmicos, os volumes sofrem variações por competição e sazonalidade, desafiando fluxos de receitas, inventários e custos. O modelo de negócio define a gestão da estrutura de gastos e riscos em conexão com a demanda que precisa ser mitigada, através de configurações de fornecedores que assimilam ações de produtividade, negociações comerciais e parceria estratégica. É possível adequar-se aos cenários estratégicos futuros, alinhados com a proposta de valor e o planejamento estratégico da empresa.

# [Capítulo 4] Oportunidades e Ameaças

"O sucesso nos negócios é uma combinação de esforço incansável, estar preparado para aproveitar as oportunidades quando surgem e um toque de sorte para que tudo se alinhe perfeitamente."

Colin Powell

---

Nos anos 70, a Kodak era a líder isolada no mercado de fotografia. O modelo de negócio consistia em vender máquinas de alta qualidade a preços competitivos e faturar com filmes. Os engenheiros da Kodak foram os responsáveis por criar a tecnologia de câmera digital em 1975. No entanto, investir nessa tecnologia iria contra o modelo de negócio de sucesso estabelecido. O CEO Walter Fallon alocou recursos chave em câmeras tradicionais, assim como atividades e parceiros chave, além de toda a relação estabelecida com clientes e fluxo financeiro sólido, tornando a decisão do CEO bastante complexa.

A Sony e a Canon mudaram o modelo de negócio, vendo a desistência da Kodak em investir na tecnologia de câmeras digitais como uma oportunidade para se posicionar em uma nova demanda. Nos anos 80, a Kodak e o mercado americano e mundial foram bombardeados por novos modelos de câmeras digitais japonesas que mudaram o padrão de consumo.

A Kodak começou a sentir a concorrência com quedas expressivas de receita e lucratividade depois de 10 anos. Na época, o CEO era George Fisher e foi ele quem, 22 anos depois, frente à ameaça de falência, investiu expressivamente no desenvolvimento da tecnologia de fotografia digital. Em 1997, ocorreu o primeiro lançamento da Kodak, porém Fisher não conseguiu reverter à situação e acabou sendo demitido em 2005, dando espaço para Antonio Perez. Este último também não obteve sucesso e foi o líder da Kodak quando a mesma decretou falência em 2012. Em 2013, a recuperação financeira promovida por Perez teve êxito, contudo o mercado da Kodak era infinitamente menor que nos períodos áureos dos anos 70 e 80.

Atualmente, as máquinas fotográficas digitais competem com celulares, representando uma ameaça significativa em termos de escala de demanda. A Canon, Sony, Nikon e Panasonic lideram o mercado de máquinas digitais profissionais, não existindo mais sinal da Kodak neste mercado. É difícil entender o modelo de negócio da Kodak atualmente, percebendo-se envolvimento em impressão comercial, embalagens, sistema de imagens e *criptomoedas* com a "KodakCoin". A receita da empresa é de $1.2B, seguida por um ROI de 3.5%, contudo com liquidez de 1.5. A Kodak foi uma empresa que desenvolveu oportunidades, manteve-se conservadora e reagiu tardiamente à ameaça dos concorrentes e às mudanças de comportamento do mercado.

As empresas estão constantemente envolvidas em situações de mercado que redesenham a dinâmica com os consumidores, redefinem líderes de segmentos e eliminam a má gestão de oportunidades e ameaças. A Atari foi pioneira e líder no mercado de videogames, mas não soube agir diante da oportunidade de desenvolver um novo mercado e da ameaça representada pelas empresas japonesas, como a Nintendo. Os consoles e jogos de alto custo e baixa qualidade da Atari levaram a empresa ao colapso em 1983.

A BlockBuster era líder no mercado de locação de vídeos e, quando a internet e a tecnologia de streaming surgiram como possibilidades de mudança no mercado, a BlockBuster teve a oportunidade de adquirir a Netflix. No entanto, ela manteve-se presa ao modelo de negócio tradicional. Quando o streaming se tornou viável e mudou o comportamento das massas, a BlockBuster não conseguiu se adaptar e acabou falindo.

A Nokia dominava o mercado de telefones celulares essenciais, confiáveis e com preços competitivos. Com o surgimento e a ameaça dos *smartphones*, a Nokia não conseguiu redesenhar seu modelo de negócio e alocar recursos para novos produtos, ficando para trás em relação a concorrentes como Apple e Samsung. Os sistemas operacionais avançados e a tecnologia impactaram significativamente o fluxo financeiro da empresa.

Movimentos estratégicos antecipam ameaças e planejam reações em ambientes competitivos. Quanto mais conectada a empresa estiver com as mudanças de mercado, maiores são as chances de posicionar-se adequadamente. O ponto de partida é entender os contextos de mudança, que podem afetar o comportamento em massa. Decisões sobre a alocação de capital que antecipam ameaças ou oportunidades consideram a cadeia de suprimentos, o portfólio de produtos e a possibilidade de redesenhar o modelo de negócio.

Em um jogo de xadrez, o objetivo é sempre eliminar o rei, mas os melhores jogadores concentram-se em adaptar a estratégia ao longo do jogo, antecipando os movimentos do adversário e aproveitando oportunidades durante a partida. Ao associar os negócios ao xadrez, apesar do foco em lucratividade e liquidez, a adaptação da estratégia aos comportamentos dos clientes e concorrentes é o que define os líderes em um segmento. Empresas sem um plano estratégico que interaja com fatores externos são reativas e demoram a responder às mudanças do mercado. A área de suprimentos interage com fatores externos por meio da cadeia de fornecimento e pode antecipar planos de contingência para resguardar o negócio, sendo fundamental correlacionar o contexto do mercado com o impacto nos planos e resultados da empresa.

Os mercados estão em constante movimento, o que define contextos que traduzem ameaças e oportunidades. Falhas em qualidade e tecnologia, como foi o caso da Kodak e da Atari, abriram oportunidades expressivas para os concorrentes japoneses. A área de suprimentos poderia influenciar decisões da Kodak, oferecendo fornecedores e tecnologia para câmeras digitais, assim como fornecedores com melhor qualidade para os consoles e jogos da Atari. Ao entender as diferenças entre os produtos concorrentes, é possível se adequar, porém é necessário definir prioridades e alocação financeira. O direcionamento estratégico considera as oportunidades e ameaças do setor, sendo que a área de vendas no planejamento estratégico está relacionada a aumentar o *market-share* e a lucratividade, enquanto a área de suprimentos incrementa as reduções de gastos e a lucratividade. O simples foco em aumentar não é sustentável se não houver desempenho superior ao do concorrente na entrega de valor.

Uma oportunidade e ameaça nasce de um contexto de mudança, que pode ser promovido por uma inovação, um posicionamento agressivo da concorrência ou a aquisição de um player em um segmento. A Kodak, Nokia e Blockbuster foram surpreendidas por inovações que mudaram as exigências do mercado consumidor, não possibilitando reação em tempo hábil. A Atari foi desafiada pela Nintendo e seu Mario Bros (1985), e depois pela Sega e o icônico Sonic (1991), produtos com melhores ofertas de valor e preços mais competitivos. A Atari buscou reação com o console Atari Lynx em 1989, mas a reputação dos jogos, a qualidade dos consoles e o preço alto em comparação com a Nintendo e a Sega não possibilitaram recuperação. A Blockbuster poderia ter comprado a Netflix, contudo preferiu alocar capital na expansão de suas lojas. Casos de fusões e aquisições, em que comprar a concorrência é parte do planejamento estratégico são frequentemente materializados pelo mercado, como a Heinz que comprou a Kraft Foods, a Enel que adquiriu a Endesa, a Pfizer que adquiriu a Allergan e a Disney que comprou a Pixar. A aquisição de players possibilita expansão rápida, além do *know-how* e posição em segmentos específicos.

A área de suprimentos desempenha um papel importante em processos de fusões e aquisições, onde sinergia e escala se tornam oportunidades. Em mercados onde a concorrência se posiciona com preços mais baixos, a área de suprimentos tem foco em reduzir os custos, sendo mais eficiente e propondo mudanças que definem produtos mais competitivos. As atribuições estratégicas da área de suprimentos se adaptam às flutuações de demanda em eficiência operacional, reduções de custos e incremento de caixa. Ameaças são referenciadas por fraquezas que degradam indicadores econômicos, e quando a concorrência reduz preços, não há espaço para competir sem afetar significativamente a lucratividade.

A Coca-Cola e a Pepsi são concorrentes no segmento de refrigerantes, promovendo constantes batalhas de preços e entrega, com o intuito de aumentar a participação de mercado. Em 1988, a Coca-Cola desenvolveu uma bebida que divergia do tradicional, o Powerade, um produto estratégico para o segmento esportivo, em um mercado em pleno crescimento desde

1967 com a Gatorade, uma marca da Quaker Oats. O contexto de atuar em um segmento de bebidas esportivas colocou a Pepsi em desvantagem em relação à Coca-Cola, tornando o Powerade um cenário para a Pepsi repensar seu planejamento estratégico. A Pepsi tinha as opções de manter-se no mercado de refrigerantes, desenvolver sua linha de produtos de bebidas esportivas ou comprar a Gatorade da Quaker Oats. A Pepsi decidiu se focar somente no mercado de refrigerantes, porém, 13 anos depois, devido ao crescimento expressivo do mercado de bebidas esportivas e à liderança da Coca-Cola com sua marca Powerade, voltou atrás na decisão e, dada a desvalorização das ações, foi forçada a agir com urgência, sendo a aquisição da Quaker uma possibilidade de ingressar no mercado de produtos esportivos.

O Gatorade foi uma inovação desenvolvida por Robert Cade, uma bebida que podia repor os eletrólitos em dias intensos de calor para o time de futebol americano da Universidade da Flórida, os "Gators". Em 1967, o desempenho dos Gators chamou a atenção da Stokely-Van, que comprou os direitos e a fórmula e começou a produzir e comercializar em escala. Em 1983, a Quaker Oats adquiriu a Stokely-Van e se tornou dona da Gatorade. O Gatorade definiu um novo contexto, criando o segmento de bebidas esportivas ou isotônicas, bebidas projetadas para repor eletrólitos através de uma combinação de água, carboidratos e eletrólitos (sódio, potássio e magnésio). A Coca-Cola, ao perceber um novo segmento e a ameaça que este segmento representava em canibalizar o mercado de refrigerante, decidiu investir em formulação própria e criar uma marca para competir com o Gatorade, surgindo o Powerade. Desta forma, a Coca-Cola poderia utilizar seu impressionante canal de vendas e relacionamento com consumidores para alavancar globalmente a Powerade, sendo em certas regiões uma inovação dada não penetração do Gatorade.

Ao perceber um novo contexto que possibilita mudança de comportamento do mercado, é possível automaticamente associar oportunidades e ameaças. A Coca-Cola desenvolveu o Powerade, pois percebeu uma oportunidade de mercado, e a Pepsi comprou a Quaker ao reconhecer a ameaça do Powerade. Um novo contexto resulta em ações que forçam inovação, aquisições e competição, tudo para conquistar uma nova fatia de mercado em um oceano azul identificado. Contextos semelhantes aconteceram com os videogames através da Atari, com as câmeras digitais através da Kodak, o streaming através da Netflix e os carros elétricos de alta performance através da Tesla.

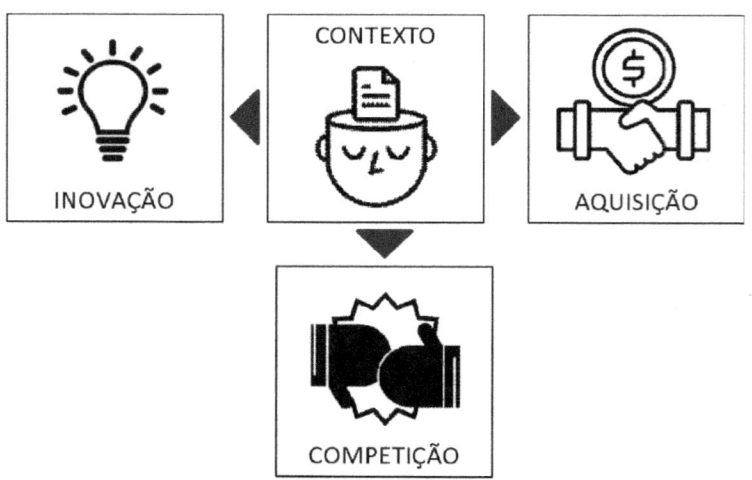

Novos contextos estão constantemente desafiando o *status quo*, criando oportunidades quando empresas se antecipam e ameaças quando tomam decisões tardias. A liderança da empresa, ao definir o planejamento estratégico de longo prazo, define expectativas de crescimento, alocação de capital e custos. O planejamento estima resultados e define premissas que tenham respaldo estratégico. Decisões entre vender mais e comprar melhor ativam pressupostos que definem cenários de consumo e fornecimento. Investir em vendas pode alavancar volume, o que incrementa a escala para compras, contudo investir em comprar melhor aperfeiçoa custos, melhorando os resultados de vendas, lucratividade e competitividade.

Contexto e idéias constroem estratégias, que definem ações e providenciam expectativas de resultados econômicos. A área de suprimentos posiciona-se estrategicamente, definindo prioridades que norteiam conexões-chave. Ao antecipar um movimento de mercado, a área de suprimentos está criando oportunidades para a empresa, que podem ser traduzidas em projetos e modelos financeiros. Ações reativas correspondem à atenção às ameaças, o que fundamenta priorizações e influencia o planejamento estratégico da empresa como um todo. A projeção de investimentos, volume, faturamento e lucratividade são revertidos em ROI e liquidez. Compreender ameaças antes de se tornarem danosas aos resultados financeiros pode ser tratado como oportunidades, contudo decisões lentas colocam toda a empresa em alerta. A Atari reagiu dois anos depois do lançamento do Nintendo NES, através do Atari 7800 ProSystem, sendo tarde demais. A Kodak reagiu ao lançamento da Fujifilm Fuji DS-1P sete anos depois, com a Kodak DC40, também sendo tarde demais. A Pepsi comprou a Quaker Oats por causa da Gatorade, em uma aquisição considerada mal sucedida pelo mercado, três anos após a Coca-Cola lançar o Powerade e oito anos após a Quaker comprar a Stokely-Van.

Contextos que podem alterar padrões de comportamento do mercado precisam ser analisados com cuidado, com o intuito de prever possíveis cenários de oportunidades e ameaças. Em 1963, Albert Humphrey propôs o modelo SWOT e auxiliou investidores a avaliar corporações americanas listadas na bolsa de valores, consolidando o entendimento sobre fatores internos e externos a partir de pressupostos e contextos. O SWOT consolida fatores internos e externos, interagindo com o planejamento estratégico e estratégias em contextos específicos. Aspectos relacionados à legislação, tecnologia, restrições, câmbio e qualquer contexto que influencia receita e custos podem ser enquadrados no SWOT e são passíveis de ser analisados em uma perspectiva amplificada. Exercitar contextos relacionados à inovação, competição e aquisição de concorrentes poderia ter sido utilizado pela Atari, Nokia, Blockbuster e Pepsi, promovendo atenção às condições que poderiam gerar oportunidades ou definir ameaças. No jogo de xadrez, o objetivo é eliminar o rei; nos negócios, é ter rentabilidade e liquidez; contudo, como a estratégia é conduzida para atingir o objetivo, é isso que define profissionais de amadores. Fatores internos devem ser constantemente aperfeiçoados por cultura, estratégias e projetos, enquanto fatores externos devem ser sempre monitorados, discutidos e analisados como potenciais cenários de oportunidades e ameaças. A área de suprimentos, ao utilizar conhecimento sobre o produto e a concorrência, estabelece premissas que direcionam estratégias, tanto no relacionamento com a cadeia de fornecimento como com *stakeholders*. O SWOT forma conceitos de como um determinado contexto pode afetar a empresa, atuando precocemente em estratégias de longo prazo, que sugerem oportunidades e ameaças. SWOT representa os fatores internos da empresa em um determinado contexto, onde "S" significa forças (Strengths) e "W" representa fraquezas (Weaknesses). Quando a Apple lançou o iPhone, a Nokia tinha um sistema que dependia de um corpo técnico especializado em hardware, mas não software, por isso não conseguiu avançar rapidamente na atualização do sistema operacional e ecossistema de Apps. A Nokia dependia de um portfólio clássico de telefones celulares convencionais, incompatíveis com a solução de smartphones proposta pela Apple em 2007. A opção da Nokia foi construir uma parceria com a Microsoft em 2011, mas não surtiu muito efeito prático. Em contrapartida, a Samsung tinha uma cultura de inovação rápida e flexibilizou atuação quando permitiu a Google integrar com o sistema operacional Android e a Google Store. A Samsung ainda compunha um portfólio amplificado de produtos que não dependia somente da telefonia celular, e sua penetração no mercado global possibilitava escala para competir em custos.

| FORÇAS | FRAQUEZAS |
|---|---|
| S | W |
| O | T |
| OPORTUNIDADES | AMEAÇAS |

Tanto a Samsung e Nokia foram surpreendidas com a proposta da Apple, contudo como cada uma delas estava estabelecida e como reagiram à ameaça inovadora que definiu cada empresa no segmento de *smartphones*. O iPhone e a Apple Store foram opções estratégicas bem desenhadas por Steve Jobs para lançar a Apple como pioneira e líder no mercado de telefonia celular. O iPhone foi lançado oficialmente em junho de 2007, a Google lançou um sistema operacional compatível 1 ano depois em parceria com a HTC, mas foi com a Samsung, no final de 2009, que a Apple realmente começou a perceber a concorrência. A oportunidade criada pela Apple a colocou 2,5 anos de vantagem da concorrência e reduziu a quantidade de concorrentes dado o conceito de Loja de Aplicativos e software de telefonia móvel. O Google viu os *smartphones* como oportunidade de mercado para diversificar e ampliar receita além do buscador. A Nokia ao construir parceria com a Microsoft não foi bem sucedida, o CEO Steve Ballmer apostou no sistema operacional Windows Phone, contudo demorou três anos para lançar, perdendo parceria estratégica com principais players que preferiram o Android.

O contexto de *smartphones* baseado na inovação da Apple trouxe oportunidades para empresa e ameaças para outras. O mercado se redesenha a cada novo contexto que altera padrão de comportamento do consumidor, novos líderes se estabelecem, empresas quebram e um novo ecossistema de competidores se define. No SWOT "O" significa oportunidade (opportunities) e o "T" se refere a ameaças (Threats), onde no contexto de *smartphones* os quadrantes são preenchidos diferentemente pra Microsoft, Nokia,

Samsung e Google. Na história "Alice no país das maravilhas", Lewis Carroll escreve um dialogo onde a Alice se encontra com o gato Cheshire em uma encruzilhada, a garota pergunta: "Pode me dizer qual o caminho que devo tomar?". A Alice é respondida com: "depende do lugar para onde você quer ir". Imediatamente a menina retruca: "eu não sei para onde quero ir". E o gato Cheshire responde com uma frase celebre: "se você não sabe para onde ir, qualquer caminho serve". O dialogo de Lewis Carroll demonstra a vida real, onde empresas frente a um novo contexto de mercado reagem diferentemente. Agir ou reagir sobre um novo contexto é melhor que esperar uma nova configuração de mercado ser construída, a Kodak, a Nokia, a Blockbuster, a Pepsi, a Microsoft são exemplos clássicos de empresas que frente a um novo contexto não souberam reagir adequadamente, alocaram capital demasiadamente, sendo alguma sobrevivente dada atuação em outros segmentos e algumas aniquiladas por dependerem de segmento único que foi totalmente redesenhado.

A construção da estratégia parte da definição de objetivos, sendo o resultado estabelecido quando a estratégia é executada de forma eficiente. Um resultado expressivo é definido quando a execução encontra-se com a tecnologia apropriada. As forças e fraquezas fundamentam a empresa, sua cultura, recursos e *know-how*.

A relação de suprimentos com os produtos define a estrutura de custo sob um fluxo de receita, que antecipa resultados por consequência de uma estratégia executada, sendo ROI e liquidez indicadores que sustentam viés financeiro. O SWOT auxilia na interação do mercado com as condições internas da empresa, que precisam ser revisadas constantemente. A estratégia prevê o aperfeiçoamento interno, contudo, diante de um novo contexto de mercado, as forças construídas podem rapidamente captar oportunidades ou minimizar ameaças.

Quando a Netflix sugeriu uma tecnologia de streaming para filmes, a internet ainda não tinha banda para absorver a demanda, mas o conceito de distribuir filmes sem que as pessoas precisem sair de casa era poderoso. A Spotify seguiu um conceito similar com desafios diferentes; as gravadoras precisavam combater a pirataria e a solução de streaming de música tornou-se uma opção para neutralizar ameaças.

Mudar um modelo de negócio funcional é complexo e, apesar de parecer óbvio após o sucesso do Netflix, Spotify, Android e Gatorade é necessário mudança de comportamento do mercado o que para empresas estabelecidas soa inviável, a menos que as forças estabelecidas nas áreas de vendas e suprimentos consigam assimilar um novo potencial estratégico e traduzi-lo em oportunidades e ameaças, considerando as forças e fraquezas do modelo de negócio estabelecido. O SWOT não é uma ferramenta de decisão, mas sim um meio de assimilar e abordar de forma diferenciada novas abordagens de idéias, mercado e concorrência.

As forças [S] e fraquezas [W] referenciam-se ao conhecimento, reputação da marca, cultura organizacional e liderança. Empresas com alto conhecimento têm mais facilidade em replicar um novo contexto com rapidez e melhor qualidade, como foi o caso da Nintendo, Samsung e Google, que entenderam uma tecnologia inovadora e se organizaram para oferecer algo melhor ao mercado. Porém, diante do mesmo contexto, a Atari, Nokia e Microsoft falharam. Estratégias precisam ser bem orquestradas, o que implica compreender a alocação de capital financeiro e intelectual, expectativa de resultados e eficiência na execução. A liderança e gestão são fundamentais para manter o foco na execução, com atenção aos fatores externos. Outra opção é adquirir o concorrente e todo o conhecimento associado, o que custa caro, mas agiliza a presença no mercado; quando a marca já está estabelecida, isso garante inclusive clientes e fluxo de receita.

O Gatorade foi inventado em 1965, provavelmente sem a intenção de replicá-lo em escala comercial. A aprovação de uma bebida comercial é custosa e burocrática. O primeiro passo é formular o produto, seguindo regulamentações, ingredientes, processos e patentes. O segundo passo é validar as preferências dos consumidores, fazendo pequenas variações na formulação para tornar a bebida aceitável para a maioria dos consumidores. O terceiro passo é registrar a bebida no órgão regulamentador, confirmando o produto a ser comercializado e fornecendo informações sobre matérias-primas, processo de fabricação, rótulos e dados nutricionais. O quarto passo é garantir a conformidade com as normas de segurança alimentar, especialmente porque isso exige uma nova linha de produção, o que envolve investimentos em infra-estrutura e desenvolvimento de fornecedores. O quinto passo é definir dentro da estrutura de fabricação o design do rótulo e o formato da embalagem. Após estabelecer os cinco passos para a regulamentação de uma bebida, é preciso aguardar a autorização do órgão regulamentador para a comercialização e iniciar o processo de vendas, marketing e criação de demanda.

A Coca-Cola lançou o Powerade em 1988, baseado no Gatorade e visando o aumento do mercado, a canibalização de refrigerantes e a captura do *market-share* da Pepsi. A bebida isotônica era uma opção para as pessoas substituírem a água e abrir uma janela para o segmento esportivo. O Gatorade possibilitou à Coca-Cola e à Pepsi escolherem entre oportunidade e ameaça. A Coca-Cola optou por redesenhar seu modelo de negócio para se adaptar ao segmento de bebidas esportivas, fundamentando a inovação em uma formulação própria. A Pepsi, ao perceber a atuação da Coca-Cola como uma ameaça, alocou recursos expressivos e tardiamente na aquisição da Quaker, o que ocasionou transtornos na cultura organizacional, em um modelo de negócio desconexo e em uma liderança desvinculada dos objetivos e estratégias. Estima-se que o mercado de bebidas isotônicas corresponda a US$ 25 bilhões, uma fração do mercado de refrigerantes, que atinge cerca de US$ 350 bilhões. A Pepsi adquiriu a Quaker Oats por US$ 13,4 bilhões, uma empresa que, em 2000, gerava receita de US$ 6 bilhões com todos os seus produtos, incluindo o Gatorade.

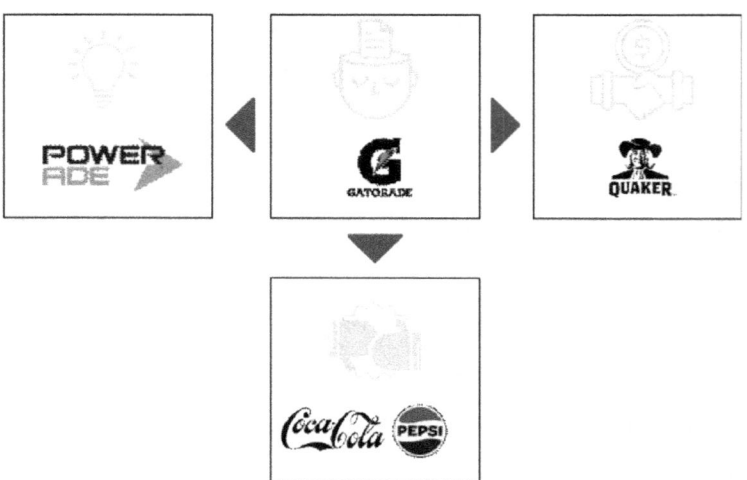

Tanto a Coca-Cola como a Pepsi tiveram contextos diferentes para o mesmo segmento, o que possibilitou revolucionar os modelos de negócios das empresas. Reagir com base em produtos, sem correlacionar com a estratégia e objetivos da empresa, pode desperdiçar recursos importantes e certamente degrada o ROI, uma vez que alocação de capital não gera retorno. A Microsoft, na gestão de Steve Ballmer, enfrentou dificuldades em competir com iOS e Android, alocando muitos recursos financeiros e humanos sem resultados positivos para a empresa. Em 2014, Satya Nadella assumiu a liderança e revisou a estratégia estabelecida por Steve Ballmer. O foco para o mesmo contexto foi redefinido, onde, ao invés de competir com Apple e Google, a Microsoft desenvolveu aplicativos que rodam em iOS e Android, possibilitando a penetração da Microsoft em dispositivos móveis através do Office, Teams, integração e segurança de dados.

Oportunidades e ameaças nascem de um contexto de mercado e precisam ser adequadas a uma estratégia passível de execução. O modelo de negócio da empresa precisa se adequar à mudança, pois relacionamentos com clientes e questões-chave mudam quando a proposta de valor é alterada, influenciando o fluxo de receitas e a estrutura de custos. O SWOT possibilita interagir com fatores internos e externos, garantindo uma análise ampla para possibilidades que incrementam receita, alavancam lucratividade e atuam contra tempos instáveis. Não necessariamente um novo produto cria contexto, mas diversos contratempos, como uma guerra, a falência de um concorrente, a dissimulação de um fornecedor e regulamentos novos em um país. O SWOT torna-se um regulador rápido para avaliar em diversos aspectos se o modelo de negócio estabelecido é robusto o bastante para suportar uma ameaça ou ágil o bastante para aproveitar uma oportunidade. A área de suprimentos precisa estar conectada ao mercado e constantemente discutir SWOT em novos contextos identificados, alertando a corporação quando potencial ou risco crítico é observado.

O COVID-19 foi um contexto que impactou drasticamente o mundo. Empresas precisaram e estão redesenhando seus modelos de negócios para se estruturarem para condições similares no futuro. A cadeia de suprimentos ficou exposta e empresas não conseguiam comprar material, por depender de fontes únicas de fornecimento. Empresas com a área de suprimento estruturada crescerão organicamente, conquistando participação do concorrente simplesmente por ter produtos disponíveis.

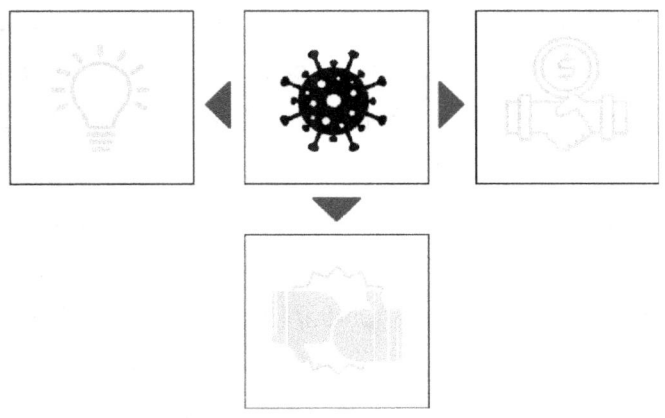

O contexto do COVID-19 não está relacionado à concorrência, mas forçou as empresas a se posicionarem entre inovar, competir e adquirir. A Toyota, uma empresa que inovou no conceito de Just in Time, considerou o COVID-19 como um contexto relevante e decidiu adquirir microchips com antecedência, construindo estoques expressivos que contrariava o *Lean Manufacturing.* Essas aquisições de microchips evitaram danos de parada de linha e vendas, em comparação com outras montadoras que pararam a produção por semanas e a vendas por meses de alguns carros devido à falta de material.

Quando o COVID-19 se tornou uma calamidade mundial e uma prioridade de segurança pública, as pessoas foram forçadas a ficarem em casa, as fábricas pararam e as empresas não recebiam pedidos de compra (exceto nos segmentos de alimentos e higiene básica). A ação imediata das empresas foi reduzir estoques e preservar capital, devido à incerteza sobre a demanda futura. Essa decisão em escala mundial criou um modelo de escassez que resultou em um efeito cascata disruptivo durante a retomada da economia. As produções em escala foram desativadas, fechando fornos e linhas de produtos devido à incerteza da demanda, isso ocorreu em setores como aço, químicos e eletrônicos.

Com a recuperação econômica após a vacinação e a adaptação da sociedade ao vírus, a demanda foi retomada em escala desproporcional, não havendo material suficiente para todos os elos da cadeia. A escassez ocasionou um efeito de oferta e demanda que inflacionou os preços das commodities. Pagar o preço inflacionado das commodities não significava que haveria disponibilidade de material em determinados fornecedores, então as empresas investiram no desenvolvimento de segundas fontes como alternativas ou soluções paliativas para venda. Uma situação crítica de escassez não seria solucionada com o SWOT, mas a ferramenta forçaria a entender o contexto em que as ações deveriam ser tomadas para captar oportunidades e mitigar ameaças. Isso define estratégias de suprimentos que antecipam diversos contextos de forma inovadora e competitiva e, em alguns casos, influenciar decisões que envolvem aquisições.

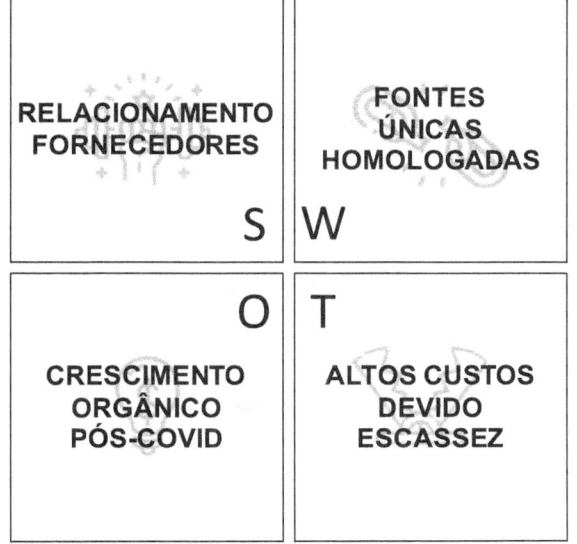

# [Parte 2] Estratégia de Suprimentos

"Boa sorte é o que acontece quando a oportunidade encontra o planejamento."

(Thomas Edison)

---

Antes de 1999, a área de suprimentos da Procter and Gamble era gerenciada por vendas. A gestão da demanda era absorvida pelo planejamento de materiais, com base em expectativas de lucro e metas de volume da área de vendas. A área de vendas controlava o suprimento de produtos tradicionais, como Pringles, Pantene, Pampers e Camay.

No final de 1999, as ações da P&G despencaram 50% quando o mercado percebeu quedas expressivas nos lucros e baixa perspectiva de criar valor com nova geração de produto e estrutura organizacional disponível. As famosas batatas Pringles sofriam para manter participação frente à concorrência da Frito-Lay, com suas marcas Ruffles, Doritos, Cheetos e Lays. As fraldas Pampers tinham dificuldade em manter lucratividade frente à Kimberly-Clark e suas marcas Huggies e Luvs. A estratégia da concorrência da P&G mostrava-se efetiva na gestão de custos e na competência de ganhar participação de mercado.

Em junho de 2000, Durk Jager renunciou à posição de CEO devido à liderança conturbada e à dificuldade de gerenciar linhas de produtos sem inovação e gestão estratégica de suprimentos. Com a saída de Jager, Alan George Lafley assumiu a posição de CEO. A.G. Lafley estava na P&D desde 1977 e liderava a área de beleza, com produtos como Pantene, Olay e CoverGirl.

A.G. Lafley propôs aos investidores uma reestruturação completa da empresa, chamada de "*Connect+Develop*". A visão redefinia a organização e cultura da P&G, onde inovação, parceria estratégica externa e foco específico na cadeia de suprimentos eram fundamentais. Para A.G. Lafley, uma área de suprimentos estratégica, que se auxilia na construção de parcerias estratégicas, na eficiência operacional e no relacionamento com fornecedores, era chave para que sua visão estratégica se tornasse realidade. A.G. Lafley nomeou Bob McDonald para liderar a área de suprimentos.

A proposta "*Connect+Develop*" foi um sucesso. A P&G e os investidores viram as ações valorizarem em 10 anos, com aumento de mais de 200%. A empresa saiu de $38 bilhões de dólares para $79 bilhões de dólares de receita, com expressivo ROI de 23%. A área de suprimentos tornou-se crucial para conquistar este patamar, sendo inclusive Bob McDonald o sucessor de A.G. Lafley como CEO da P&G.

O conceito de cliente interno é uma denominação paradigmática na área de suprimentos estratégica. A noção de cliente interno compromete a execução quando foca reativamente sem respaldo estratégico e visão de longo prazo. A área de suprimentos não pode justificar ações com base em satisfação do cliente interno, medir nível de satisfação engessar e burocratizar o processo de aquisição. O paradoxo de suprimentos reside quando há celebração por satisfação interna por simplesmente aceitar demandas operacionais, sendo inclusive conflito de interesses quando a área se organiza para realizar mais satisfação que resultados. Profissionais de suprimentos devem desafiar o *status quo*, muitas vezes forçando revisar modelo de negócio e produtos com base em uma oportunidade ou ameaça de mercado.

Quando a área de suprimentos dedica esforços na negociação de preços e prazos, tem-se um escopo microscópico do potencial da área. Há uma infinidade de competências estratégicas que devem ser desenvolvidas, estabelecendo abordagem estratégica que desconstrói a imagem do cliente interno, substituindo por parceiros de negócio. A estratégia determina como um resultado será estabelecido, o que tornará a empresa mais forte e mais preparada para oportunidades e ameaças. Em suprimentos, a estratégia não é uma apresentação de PowerPoint, mas um plano consistente de execução, fundamentando por indicadores econômicos e configuração coerente da cadeia de fornecimento para o modelo de negócio. Os materiais os fornecedores e o fluxo logístico são desenhados e discutidos com parceiros internos, no intuito de calibrar e executar o plano.

A P&G quando estabeleceu o plano "*Connect+Develop*", precisou adaptar a área de suprimentos para agir estrategicamente a partir de uma visão ponta a ponta, que interage com fornecedores entendendo reflexos aos clientes e ao resultado da empresa. Três preocupações são abordadas no desenho de uma estratégia de suprimentos robusta, a 1ª preocupação foi o segurança do abastecimento, sendo avaliada base de fornecedores, fluxos logístico, perdas e capacidade. A 2ª preocupação foi a competitividade, que avalia fornecedores, custos operacionais, materiais, produto e produtividade. A 3ª preocupação foi o fluxo de caixa, que considera fornecedores estratégicos, dinâmicas de entrada e saída de capital, prazos e investimento de capital. Todas as preocupações consideram o fornecedor como base estratégica, o que define categorias para compreender dinâmica e parcerias. O relacionamento com fornecedores modela a cadeia de suprimentos com intuito em incrementar ROI e liquidez, através de configurações estratégicas e excelência operacional. Estruturar a cadeia de suprimentos estabelece entregar valor ao cliente, concordando com custos competitivos, fluxo de caixa saudável e agilidade e flutuações de demanda.

# [Capítulo 5] Gastos

"A gestão de gastos eficiente é a chave para maximizar os lucros e o crescimento de uma empresa."

(Philip Kotler)

---

Em 2008, o mundo foi abalado pela crise das hipotecas *subprime*, promovida pelo colapso do mercado imobiliário nos Estados Unidos e empréstimos hipotecários de alto risco. Os bancos enfrentaram problemas de liquidez e solvência devido à exposição excessiva. Em 15 de setembro de 2008, exatamente, o banco de investimento Lehman Brothers anunciou insolvência ao mercado, resultando em pânico generalizado e um efeito dominó desproporcional no mercado global e uma crise de confiança da população. A crise de 2008 desencadeou uma recessão global que afetou empresas e economias ao redor do mundo.

A indústria automobilística foi impactada drasticamente pela crise, com uma queda significativa na demanda. A

Ford, por exemplo, precisou lidar com a gestão de gastos de forma drástica, em um período conturbado para a área de suprimentos da empresa. Eles não tinham demanda, mas precisavam cortar gastos com fornecedores para equilibrar os resultados da organização e conquistar clientes ainda dispostos a comprar um veículo. A baixa demanda causou flutuações específicas em commodities ligadas ao aço e ao petróleo, o que dificultou o controle de gastos da Ford. A empresa estabeleceu medidas e políticas dedicadas ao controle de gastos, como redução de produção, reestruturação das operações e renegociação com toda a base de fornecedores. A Ford teve uma atuação fundamental do CEO Alan Mulally, que reconheceu o controle de gastos como a única maneira de reagir à crise e à queda da demanda. A reestruturação da Ford contou com o suporte de Tony Brown, líder de suprimentos, que focou na reorganização completa da cadeia de suprimentos e em negociações de contrato com fornecedores. A Ford evitou a falência em um momento crítico, com o apoio da área de suprimentos e fornecedores parceiros, condição que não ocorreu com a General Motors e

Chrysler, que decretaram falência em 2009. A GM conseguiu apoio do governo americano para estabelecer liquidez e buscou um plano similar ao da Ford para se reerguer. A Chrysler, apesar do suporte financeiro, não foi bem-sucedida na gestão de gastos e acabou sendo adquirida por uma aliança entre a Fiat e o governo americano.

Os gastos são estabelecidos antes da receita, por meio de investimentos, salários e compras de insumos e suprimentos. A gestão eficiente dos gastos sustenta a lucratividade em uma determinada demanda de vendas. A interação dos gastos com a demanda é contínua e reflete diretamente os indicadores de ROI e liquidez, sendo que a falência é causada pela baixa liquidez. Os gastos são diretos e indiretos, alocados e categorizados de diversas formas. A gestão eficiente de gastos é desmembrada em parcelas menores que possibilitam diagnosticar perdas e agir rapidamente. Controlar os gastos determina a relação com fornecedores, tipos de materiais e tecnologia de fabricação. O mercado fornecedor é desafiado constantemente por empresas que controlam gastos, forçando ações de produtividade em patamares justos e competitivos. A gestão de gastos segue um processo rigoroso de análise de gastos, competitividade e produtividade, com atenção continuada da área de suprimentos, onde os gastos exigem ações associadas e renegociações de preços e contratos, além de desenvolvimento de ambiente competitivo para fornecedores e inovação na conceituação de produtos.

A gestão dos gastos pode ser relacionada à René Descartes e sua visão filosófica do determinismo, que define que todos os fatos presentes são consequência do passado. O determinismo aplicado ao controle de gastos estabelece a necessidade de desmembrar o gasto total em partes menores, possibilitando uma compreensão acurada dos fatores passados, do contexto atual e do foco para ações futuras. René Descartes também propôs o plano cartesiano, que permite uma leitura visual baseada em dois fatores relevantes, que no controle dos gastos torna-se circunstancial para identificar padrões e determinar discrepâncias. Ao parametrizar gastos em um plano cartesiano, é possível identificar rapidamente áreas de atuação e foco estratégico.

Ao desmembrar os gastos totais em uma categoria de fretes rodoviários, é possível relacionar dois parâmetros essenciais, como distância (km) e preço do frete ($), o que possibilita construir um indicador de frete por quilômetro rodado, sendo uma associação direta para evidenciar discrepâncias e atuar com eficiência no controle de gastos. Um frete é composto por gastos com combustível, motorista, manutenção, amortização do caminhão, seguro e outros gastos administrativos. Ao compreender que o preço pago em um frete é uma composição de gastos e lucro do fornecedor, é esperado que haja coerência nos preços de fretes acordados. Um frete de 100 km tem uma cotação menor que o frete de 1.000 km, contudo o indicador de preços por quilômetro deveria ser muito similar, com exceção de algumas peculiaridades que, ao serem entendidas, direcionam negociações e projetos estratégicos mais eficientes para a categoria de fretes.

Uma empresa pode ter várias rotas, com diversos fornecedores, e todas as rotas podem ser avaliadas em condições determinísticas. Ao considerar a tabela abaixo com 15 rotas, ofertadas por diferentes fornecedores para diferentes quilometragens, tem-se imediatamente o indicador de "gasto por quilômetro". A definição da área aceitável pode se basear na média dos gastos da categoria ou trabalhar com uma base matemática regida por uma análise de custos esperados (capítulo 9).

| Rota | Km) | R$/rota | R$/km | Rotas/ano |
|------|-----|---------|-------|-----------|
| 1 | 80 | 496 | 6.2 | 60 |
| 2 | 100 | 670 | 6.7 | 40 |
| 3 | 130 | 1157 | 8.9 | 55 |
| 4 | 170 | 1547 | 9.1 | 150 |
| 5 | 240 | 2592 | 10.8 | 15 |
| 6 | 300 | 1920 | 6.4 | 15 |
| 7 | 350 | 2195 | 6.3 | 890 |
| 8 | 450 | 3510 | 7.8 | 90 |
| 9 | 510 | 3774 | 7.4 | 15 |
| 10 | 650 | 3965 | 6.1 | 380 |
| 11 | 730 | 4891 | 6.7 | 20 |
| 12 | 850 | 9690 | 11.4 | 75 |
| 13 | 920 | 8648 | 9.4 | 5 |
| 14 | 1100 | 17710 | 16.1 | 10 |
| 15 | 1450 | 22040 | 15.2 | 30 |

A análise determinística, independentemente da quantidade de rotas, já possibilita definir discrepâncias que direcionam análises de controle. A definição da área aceitável pode ser determinada como a média dos fretes com uma variação percentual conhecida, como mais ou menos 10%. A definição dos limites aceitáveis é uma premissa estabelecida pelo gestor da categoria em alinhamento com parceiros estratégicos e liderança de suprimentos. A tabela acima apresenta um gasto anual de aproximadamente R$6 milhões, o que define uma oportunidade máxima com base no menor indicador de R$/km de redução de R$1.1 milhões (18% de redução).

A gestão dos gastos de rotas aperfeiçoa a eficiência logística e providencia configurações específicas, como *milk-run*, carga fracionada, subcontratação, frota própria e *drop & hook*.

O gasto total em fretes rodoviários deve ser classificado por gastos acumulados em um período determinado, providenciando priorização em uma curva 80/20. O princípio 80/20 foi percebido pelo sociólogo italiano Vilfredo Pareto e tem aplicação prática na análise de gastos. Pareto observou em 1906 que 75% das terras na Itália pertenciam a 25% das famílias e que 20% das vagens de ervilhas forneciam 80% das ervilhas. No entanto, foi Joseph Juran quem trouxe as observações de Pareto em um contexto econômico estatístico, fundamentando que 80% do faturamento são resultantes de 20% dos clientes, que 80% das vendas são provenientes de 20% dos produtos e que 80% dos resultados se devem a 20% dos investimentos. A relação de Pareto é aplicável à gestão dos gastos, onde é esperado que aproximadamente 80% dos gastos estejam concentrados em 20% das categorias e 20% dos fornecedores. Em uma categoria específica como a de fretes rodoviários, também é esperado que 80% do gasto estejam alocados em 20% das rotas.

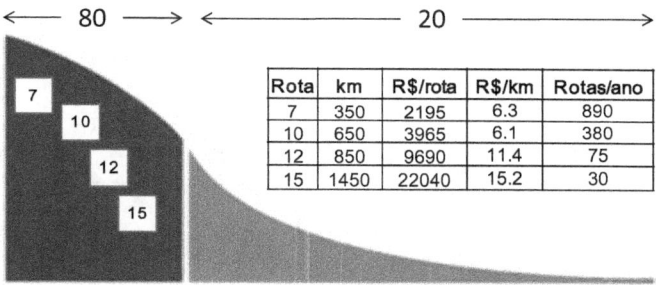

| Rota | km | R$/rota | R$/km | Rotas/ano |
|------|------|---------|-------|-----------|
| 7 | 350 | 2195 | 6.3 | 890 |
| 10 | 650 | 3965 | 6.1 | 380 |
| 12 | 850 | 9690 | 11.4 | 75 |
| 15 | 1450 | 22040 | 15.2 | 30 |

O *Spend Analysis* é literalmente a tradução para análise de gastos, que é um processo de desmembramento que permite identificar discrepâncias e prioridades que irão guiar as estratégias de categorias. Através do *Spend Analysis*, a área de suprimentos controla os gastos relevantes para a empresa e direcionar estratégias que possibilitem eficiência e lucratividade. A primeira etapa classifica os gastos em relação ao negócio, compreendendo regiões, linhas de produtos, registros (lojas, fábricas, armazéns) e categoria de suprimento, proporcionando uma visão macro e atenção ao que é representativo para o negócio.

Tony Brown, líder da área de suprimentos da Ford em 2008, provavelmente já tinha visibilidade da alocação de gastos pelas principais fábricas (registros), veículos, região e categoria. Isso permitiu organizar prioridades e uma estratégia específica que levou a uma segunda etapa de desmembramento, que define o horizonte de suprimentos, dividido em categoria e subcategorias. A abordagem de suprimentos visa compreender gastos representados pela alocação em produtos, localidades de fornecimento, fornecedores e itens. A relação das análises de custo na primeira e segunda etapa define um planejamento estratégico pautado em prioridades, o que possibilita diligência e execução focada.

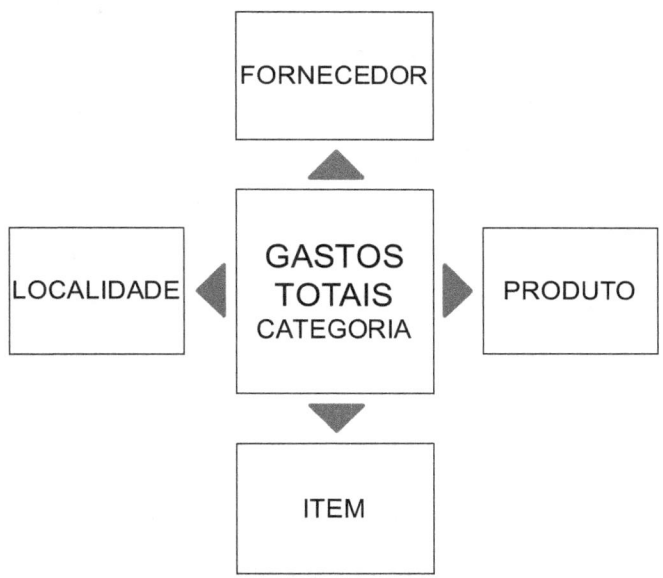

Quando a Ford teve consciência da queda na demanda como consequência da crise *subprime*, definiu ações que não se limitaram a apenas contatar fornecedores e "pedir desconto" ou atrasar pagamentos para manter o fluxo de caixa positivo. Essa ação seria prejudicial ao negócio, prejudicando sua reputação e provavelmente levando à falência. A Ford foi perspicaz nas soluções de gastos, começando com a definição dos produtos que teriam sucesso durante a crise. A empresa concentrou esforços na produção de veículos eficientes com baixo consumo de combustível, prevendo que isso poderia ser uma premissa importante para a decisão dos clientes durante a contenção de gastos. Essa definição permitiu a reavaliação do portfólio de produtos, considerando volume, investimentos e lucratividade. Sem a definição dos produtos, a área de suprimentos teria dificuldade em negociar acordos relevantes com fornecedores.

Os gastos foram tratados de diversas maneiras, com atenção especial para a redução dos custos operacionais, como corte de despesas, eliminação de despesas desnecessárias no novo contexto e revisão dos gastos em ativos e investimentos. A redução de custos baseada no corte de despesas e renegociação com fornecedores pouparia parcialmente a reestruturação da força de trabalho, que seria impactada em um novo patamar de demanda. As negociações foram realizadas com atenção aos 80% dos gastos, mas com base na nova configuração do portfólio de produtos, tornando a negociação consistente e garantindo a atenção dos fornecedores que também enfrentavam situação semelhante frente à crise. Em um período de enxugamento de gastos em empresas, onde o contexto é compreendido, uma parceria comercial de longo prazo tem força na hora de formatar acordos benéficos para ambos os lados.

Os produtos vendidos exigem oferta de preço de venda, o que complementa o fluxo de receitas, mas os gastos não podem superar o preço de venda. Um produto é composto por gastos diretos, quando se trata de componentes específicos que integram a estrutura de custos, e também existem os gastos indiretos que precisam ser absorvidos nos gastos totais, neste caso, gastos com salários, energia e despesas gerais que são utilizadas para todos os produtos e são divididos com base no volume. A configuração de produtos "vacas leiteiras" e "estrelas" têm relevância na definição do foco sobre reduções de gastos.

A demanda precisa se alinhar com a compra de suprimentos, evitando ao máximo estoque em excesso, que afetam a liquidez e levam à insolvência. Em mercados de varejo, como supermercados, a composição do portfólio é direcionada pela demanda, e os níveis de estoque suportam a preferência temporal do consumidor. A falta de itens de necessidade básica tem muito mais relevância e giro de estoque do que itens supérfluos. Independentemente do período de crise ou não, é escopo da área de suprimentos reduzir gastos, por meio de negociações, alterações técnicas, troca de fornecedores e aperfeiçoamento logístico. A estratégia deve antecipar períodos críticos e preparar planos de contingência em caso de crise e escassez. A área de suprimentos é um agente importante na gestão dos gastos e na antecipação de limitações comerciais, propondo opções que evitem ruptura e minimizem gastos, definindo um caminho estratégico coeso.

A organização da categoria define prioridades sobre os gastos e parametriza os gastos a fim de identificar oportunidades e foco de atuação. Os gastos expressivos de uma categoria tendem a se correlacionar com as receitas, exceto casos específicos de exclusividade que são tratados em uma esfera de risco. Na gestão dos gastos, o importante é ter clareza se a configuração da categoria proporciona o melhor cenário de gastos possível e qual seria a melhor estratégia para garantir competitividade. Ao correlacionar gastos aceitáveis com a curva de Pareto, é possível definir estratégias de alto nível.

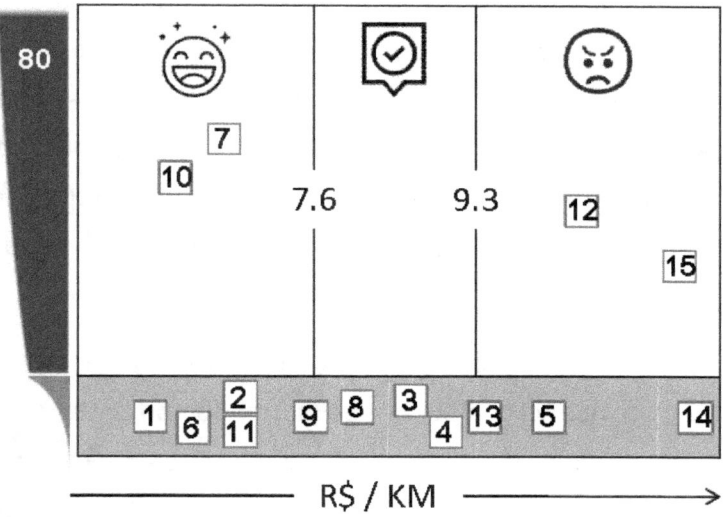

R$ / KM →

Desmembrar os gastos totais em categorias, fornecedores e níveis de componentes traz uma visão completa. A área de suprimentos tem a obrigação de compreender e controlar os gastos da empresa, propondo estratégias que aperfeiçoem a lucratividade e preparem a empresa para tempos difíceis que certamente virão. Produtos "vacas leiteiras" e "estrelas" são prioridades na interação com o negócio, portanto, os gastos devem ser bem compreendidos e estratégias específicas devem ser desenvolvidas. A área de suprimentos racionaliza discrepâncias de gastos e direciona cenários favoráveis que fomentam interesse por mudança. Os fornecedores são condições-chave para uma estratégia de suprimentos funcionar, portanto, relacionamentos estratégicos e escolhas adequadas promoverão excelência operacional na gestão dos gastos.

A análise de gastos de uma categoria de suprimentos deve providenciar a curva de Pareto, compreendendo a complexidade e a dependência da categoria por fornecedores e itens exclusivos. A parametrização que define indicadores da categoria deve ser passível de ser associada com a curva de Pareto, a fim de representar todos os itens em condições competitivas e inadequadas. Gastos inadequados exigem estratégias de reversão, que vão desde o diagnóstico do gasto discrepante até opções de minimização. A gestão dos gastos é dinâmica, o que significa que o mix de produtos, padrões de consumo e condições do mercado fornecedor podem mudar. Novos contextos, que exigem o SWOT para providenciar oportunidades e ameaças, quando rapidamente relacionados a uma boa gestão de gastos, antecipam ações que diferenciam a empresa dos concorrentes em condições específicas de mercado, condições estas que podem ser uma crise de 2008, uma COVID-19 e um conflito entre Rússia e Ucrânia. Novos contextos irão sobressair à dinâmica global, afetando negócios, e sobreviverão aqueles que tiverem estratégias de suprimentos aderentes. O jogo de competitividade não pode ser jogado somente no campo de vendas; logo, a área de suprimentos se torna um jogador relevante para ganhar.

# [Capitulo 6] Segurança de abastecimento

"Suprimentos eficientes não apenas economizam dinheiro, mas também garantem que você tenha o que precisa, quando precisa."

(Phil Knight)

---

Em março de 2011, o Japão foi afetado por uma crise sem precedentes. O terremoto de Tohoku, com magnitude nove, atingiu o leste do país, seguido de um tsunami que foi uma tragédia natural, matando mais de 15 mil pessoas e ferindo outras seis mil. Regiões como Aomori, Iwate, Miyagi, Akita, Yamagata e Fukushima foram seriamente afetadas. O tsunami inundou a usina nuclear de Fukushima e outras usinas localizadas na região, afetando o sistema de resfriamento dos reatores e causando superaquecimento crítico. Fukushima teve vazamento radioativo, no mesmo nível de Chernobyl, o que até hoje é uma preocupação de segurança nacional.

Empresas japonesas como Toyota, Sony, Toshiba, Sharp, Mitsubishi e Subaru tinham operações na região, o que afetou a cadeia de fornecimento japonesa, respingando na paralisação de produção em empresas globais como Apple, Boeing, Siemens, Volkswagen e Intel. Um desastre natural na magnitude do terremoto de Tohoku não somente afetou a sociedade japonesa, mas também a economia global, com escassez de matérias-primas especiais, baterias, componentes eletrônicos, telecomunicação e automotivo. Crises que causam escassez acontecem constantemente, em grande ou pequena escala, e num mercado globalizado o efeito dominó é rápido e impactante. As empresas buscam cada vez mais assegurar o fornecimento a partir de múltiplas fontes e ter flexibilidade de suprimentos. Cabe a cada empresa, juntamente com seus fornecedores parceiros, definir estratégias sustentáveis que previnam o abastecimento de uma ruptura que possa destruir resultados e colocar a empresa em risco econômico e financeiro.

A área de suprimentos tem um papel estratégico crucial, mais importante do que reduzir custos é garantir a venda, assegurando que o cliente será atendido e que a reputação da empresa se manterá intacta. A configuração estratégica avalia desde condições catastróficas, como uma guerra ou desastre natural, até falhas operacionais, como um atraso de navios, problemas de qualidade e incidentes na produção. A prevenção de riscos aborda assuntos que podem nunca acontecer, mas que, se acontecerem, geram perdas irreparáveis, podendo abalar resultados, sobrevivência e estrutura organizacional da empresa. O desenho da cadeia de abastecimento precisa, acima de tudo, mitigar riscos, sendo a habilidade estratégica de equacionar e balancear o fornecimento sem afetar significativamente a liquidez e o ROI da operação.

O direcionamento estratégico considera riscos às vendas, o que necessariamente está ligado aos gastos. Às vezes, um parafuso pode parar a fabricação de um avião Boeing. Os riscos são determinados pelo dano que a falha de abastecimento pode ocasionar à marca, à participação e à receita. Escalas de riscos determinam alocação de capital, o que considera desde um seguro contra lucro cessante até fontes alternativas homologadas. Quando se trata de abastecimento, a estratégia visa desenvolver cenários que colocam a empresa em um patamar seguro, através da identificação do risco, diagnóstico, atuação paliativa e atuação preventiva. Risco não se trata de divergências comerciais, se o dinheiro resolve, então não é um problema real.

Na Itália, em 1200 d.c., eram utilizados algarismos romanos para a matemática rudimentar, até que Leonardo Fibonacci foi à Constantinopla aprender matemática e algoritmos numéricos árabes com comerciantes muçulmanos. Fibonacci trouxe conceitos matemáticos relevantes ao mundo ocidental e desenvolveu suas próprias associações para compreender padrões por meio dos números. O risco associa padrões numéricos com base na probabilidade, uma ciência desenvolvida por Fermat e Pascal 400 anos após Fibonacci.

Os programas *Seis Sigma* utilizam a probabilidade para determinar se uma ação será efetiva e se o nível de qualidade será alto em uma escala maior. Empresas como Toyota e General Electric antecipam riscos de qualidade utilizando a probabilidade e alcançam níveis impressionantes de qualidade em seus produtos. Fibonacci traduziu padrões numéricos chamados de retrações, uma metodologia usada na análise técnica financeira, que estabelece razões numéricas por meio da percepção da sequência de números [0, 1, 1, 2, 3, 5, 8, 13, 21, 34, 55, 89, 144, ...]. Fibonacci associou que ao somar dois números para gerar um número subsequente, existe um padrão numérico que define a figura geométrica presente em formas da natureza. Na análise técnica para avaliar o comportamento de compra e venda de ações, onde especialistas usam a sequência de Fibonacci para determinar o "*momentum*", uma prática que aciona a compra e venda.

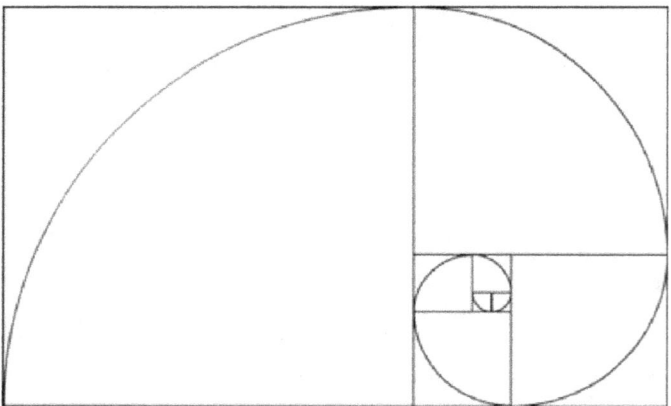

Avaliar dados comportamentais que influenciam dinâmicas de qualidade, fornecimento e preços permite criar métodos específicos de medição que resultam em padrões e conclusões únicas. Contextualizar Fibonacci na avaliação de risco de abastecimento traz a probabilidade como uma ciência para antecipar falhas, defeitos, atrasos e estoques.

Em 1984, o físico israelense Eliyahu M. Goldratt apresentou um conceito aplicável chamado de Teoria das Restrições (TOC), materializada no best-seller "A Meta", onde sugeriu otimizações contínuas de processos com base na identificação de uma restrição. A melhoria contínua consiste em identificar operações engargaladas que tornam o processo custoso e arriscado. A abordagem de melhoria contínua define a Teoria das Restrições (TOC), um método que mitiga riscos por meio da observação Tambor-Pulmão-Corda (Drum-Buffer-Rope). Nesse método, determina-se a batida do tambor, com um ritmo quantificável, e, em seguida, são identificadas as restrições que estão fora de ritmo. Por fim, por meio de pulmões intermediários, ajusta-se o ritmo inicial. Os pulmões são soluções paliativas para igualar o ritmo e precisam de uma corda para comunicar o ritmo ao processo. A TOC concentra a atenção nas restrições, compreendendo que a obsessão em adaptar o ritmo garante um processo coeso.

A área de suprimentos precisa compreender os ritmos de abastecimento, desde o fornecimento de fornecedores até o fornecimento interno e o fornecimento aos clientes, tendo uma visão completa de todo o fluxo de valor. Uma visão completa destacará as restrições, que serão aperfeiçoadas de forma paliativa com pulmões e se tornarão projetos de melhoria contínua, fazendo parte da configuração da cadeia de suprimentos para o modelo de negócio e portfólio de produtos. Eventos catastróficos devem ser evitados e planejados para tornar a cadeia de suprimentos suficientemente resiliente para absorver impactos profundos, enquanto a otimização diária, contínua e constante identifica e trata as restrições importantes para um fornecimento eficiente.

Em 22 de fevereiro de 2022, o Nord Stream 2, um gasoduto com origem na Rússia que atravessa o mar Báltico até a Alemanha, foi suspenso pelo Chanceler da Alemanha. O Nord Stream 2 consolidaria a dependência energética de alguns países da União Européia com a

Rússia, o que causou pressão e tensão política. O projeto visava contornar a Ucrânia, evitando o pagamento de royalties provenientes do Nord Stream 1, o que resultaria em uma concorrência esmagadora da Rússia e preços bem competitivos para as empresas e população alemã. A preocupação com a dependência e o risco energético alertou os EUA, que criou sanções comerciais para enfraquecer o acordo, com o objetivo também de enfraquecer a posição da Rússia e evitar a dependência alemã.

O principal investidor do projeto Nord Stream 2 era a Gazprom, mas também contava com investidores europeus, como Uniper, Wintershall, OMV e Engie. Foram investidos bilhões de dólares em mais de 500 km de rota e obtidas licenças para operação nas rotas sueca e dinamarquesa. Com a suspensão da Alemanha, se esperava uma retaliação da Rússia, mas talvez nunca um conflito armado com a Ucrânia. A Rússia anunciou dois dias após o comunicado de suspensão do Nord Stream 2 a invasão ao leste ucraniano em fevereiro de 2022. A resistência da Ucrânia e as sanções americanas e européias conduziram a uma crise energética, com disponibilidade reduzida e preços aumentados significativamente. Em agosto de 2021, o MWh custava cerca de 20 euros na Europa, em março de 2022 bateu 72 euros, e o pico de 300 euros foi visto em agosto de 2022. Empresas viram suas contas de energia destruir lucratividade, principalmente empresas dependentes de energia para produção, como indústrias pesadas e químicas.

O "viés da disponibilidade", descrito pelos psicólogos Daniel Kahneman e Amos Tversky, se refere em como as pessoas julgam a probabilidade de um evento com base na facilidade com que conseguem se lembrar de exemplos semelhantes ou adquirir informações. Eventos memoráveis e com atenção da mídia são percebidos como mais prováveis, mesmo que a realidade estatística seja diferente. Pessoas, incluindo líderes corporativos, tendem a demonstrar mais preocupação com eventos raros, contudo dramáticos e impactantes, como acidentes de avião, terremotos, guerras e ataques de tubarão, do que com eventos comuns, como acidentes de trânsito e doenças crônicas como diabetes. O "viés da disponibilidade" resulta em uma percepção errônea das probabilidades pela sociedade, por exemplo, estatisticamente se prevê que uma guerra cause 35 mortes em uma população de 1 milhão de pessoas, enquanto acidentes de avião chegam a 0,3 por milhão e ataques de tubarão 0,1 por milhão, enquanto que acidentes de trânsito 130 mortes por milhão, diabetes 240 pessoas por milhão.

A cadeia de suprimentos deve estar preparada para condições críticas, como rupturas causadas por um tsunami ou conflitos armados entre países, mas é a eficiência operacional e a capacidade estratégica diária que garantem resultados reais para as empresas líderes em seus segmentos. Ao construir uma cadeia de fornecimento robusta, a área de suprimentos depara-se com quatro dilemas que dificultam a decisão entre os stakeholders. O primeiro dilema ocorre quando a venda conflita com o caixa, e nesse caso, antecipar as necessidades dos clientes com estoque de segurança desafia a alocação de capital. A previsão de vendas é importante para o planejamento de abastecimento, mas é um grande desafio antecipar o volume futuro.

Em 2012, a Target utilizou algoritmos de marketing para direcionar anúncios, identificando padrões de compra e visitas para oferecer produtos adequados ao interesse do consumidor. Em um caso específico, o algoritmo da

Target ofereceu produtos relacionados à gravidez, como fraldas e artigos para bebês, a uma consumidora que nem mesmo sabia que estava grávida. O algoritmo acertou em cheio a condição da consumidora com base no padrão de comportamento.

Não é possível ser eficiente na gestão de abastecimento se não houver projetos de previsão de demanda. A previsão de demanda precisa utilizar a ciência da probabilidade, que analisa padrões históricos, modelos estatísticos, pesquisas de mercado, acompanhamento da concorrência, interação com clientes, monitoramento de tendências e relação interna entre *stakeholders*. A relação interna define o S&OP, que é o planejamento de vendas e operações, sendo uma torre de controle que monitora assertividade, velocidade de reação, perdas de vendas e custos extras para atender à demanda extra.

A P&G é reconhecida pelo mercado por ter a organização e os sistemas mais avançados de S&OP do mundo. Desde 1999, esse processo é prioridade e tornou-se um pilar estratégico de eficiência da cadeia de suprimentos. O sucesso do S&OP exige compromisso da alta direção, pois envolve decisões e alocação de profissionais alinhados com a visão de planejamento eficiente. No S&OP, os departamentos se organizam de forma colaborativa, onde suprimentos, vendas, marketing, produção, logística e finanças tomam decisões em conjunto sobre previsibilidade de demanda e foco de abastecimento. O planejamento do abastecimento se utiliza de premissas precisas, com base em dados históricos, indicadores estatísticos de erro de previsão e dados imediatos de venda, estoque e capacidade. O planejamento precisa ser colaborativo e em cascata, o que adéqua movimentos em camadas operacionais, táticas e estratégicas. Por fim, é preciso reconhecer erros, revisar desempenho regularmente e flexibilizar e adaptar situações de última hora.

O WMAPE é um indicador estatístico de erro de previsão (erro de *forecast*). Este indicador pondera pesos para cada período e relaciona demanda prevista com demanda real, classificando clientes, segmentos, mercados e operações. Erro de previsão acima constrói estoque, que impacta o fluxo de caixa, enquanto erro de previsão menor resulta em perda de vendas. Por exemplo, para o time de S&OP, vender 1000 produtos não é um indicador reconhecido, contudo, se foi planejado vender 700 ou 1.300 produtos, tem-se um erro de previsão de 30%. O WMAPE não precisa atingir 0%, compreendendo que padrões de consumo flutuam, mas precisa atingir um nível que possibilite flexibilidade de atuação da empresa. A cadeia de abastecimento é redesenhada para absorver o WMAPE, onde acordos com clientes e fornecedores também são direcionados para maior acuracidade. Para isso, comunicação, visibilidade de estoque e planos de contingência são devidamente alinhados. A acuracidade precisa ser monitorada ao longo do tempo, 30 dias, 60 dias, 90 dias antes da transação. A relação entre prazo de previsão e WMAPE define posições de controle, garantindo alto desempenho para produtos em áreas controladas e risco para produtos em áreas descontroladas.

A falta de controle da previsibilidade impossibilita a estratégia de otimização da cadeia de abastecimento, colocando as vendas e o fluxo de caixa em risco. Pulmões serão necessários, mas precisam ser otimizados, pois os estoques estão relacionados ao volume e à velocidade de produção/entrega dos fornecedores. Picos de demanda sem flexibilização da cadeia de fornecimento resultam em perda de vendas, enquanto quedas na demanda sem reação da cadeia de movimentação resultam em estoque. O estoque sem giro é dinheiro improdutivo, o que influenciará a liquidez e o ROI da empresa.

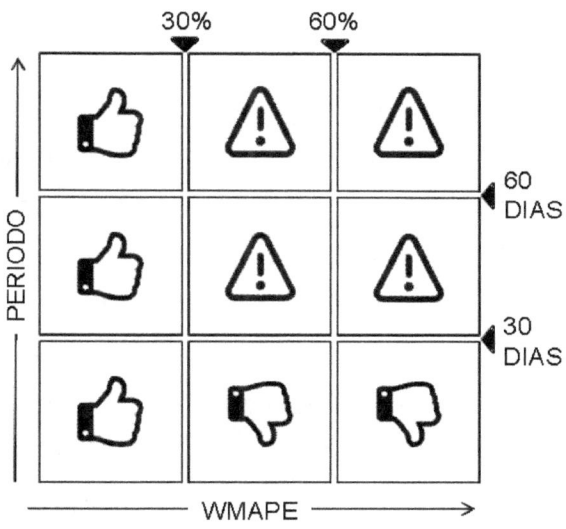

O segundo dilema que a área de suprimentos precisa enfrentar está associado à variabilidade de demanda, que está ligada a erros de previsão, sazonalidade e padrões de comportamento. Picos de demanda podem ser originados por um planejamento deficiente do S&OP, mas fatores externos também podem alterar o comportamento da demanda. O indicador estatístico de variabilidade de demanda direciona estratégias inteligentes que possibilitam a desconsideração de erros de previsão de demanda. Os gastos estão correlacionados com dados históricos de volume, definindo zona de risco e controle.

Períodos sazonais conhecidos por picos de demanda desafiam as empresas na assertividade e na estratégia adequada para não perder oportunidades de vendas. O Natal e a Páscoa são reconhecidos por terem picos de demanda expressivos em relação à média do ano, inundando o mercado com uma variedade de brinquedos e ovos de Páscoa. O mercado de moda também segue a variabilidade sazonal, adequando-se à estação do ano e às tendências do mercado mundial. Em outubro de 2019, a Apple lançou os AirPods Pro com uma previsão de demanda menor do que o mercado solicitou para o Natal daquele ano. Os estoques das lojas esvaziaram em horas e milhões de pedidos foram feitos. Devido a uma cadeia de fornecimento eficiente e fornecedores escaláveis, a Apple conseguiu atender à alta demanda para o Natal. Por outro lado, em 2011, a HP planejou uma demanda significativa de laptops e desktops, baseada na expectativa de retomada do mercado após a crise de 2008. No entanto, suas previsões foram desafiadas pela Dell, Acer, Lenovo e Apple, resultando em perda de vendas e estoques obsoletos. Os resultados negativos fizeram as ações da empresa caírem 70% naquele período.

Obviamente, reagir rapidamente a pedidos de vendas é mais relevante do que ter estoques obsoletos. No entanto, as empresas muitas vezes negligenciam a possibilidade de suprimentos e fornecedores se adaptarem aos picos de demanda, confiando nas previsões dos gurus de marketing. A variabilidade de demanda é calculada pela divisão do desvio padrão (numerador) pela média (denominador) do volume histórico. A variabilidade de demanda é um indicador percentual, servindo como base estatística para entender como os volumes históricos podem influenciar os volumes futuros e como a área de suprimentos pode se preparar para absorver desvios desproporcionais à média. Marketing e vendas, ao tentarem prever a demanda, encontram casos como os da Apple e da HP. A Apple atendeu à demanda planejada e se adaptou rapidamente ao volume extra não planejado, aproveitando o pico sazonal de Natal. Por outro lado, a HP subestimou a concorrência e superestimou a recuperação do mercado, acreditando nas previsões de marketing e produzindo produtos avançados que nunca foram vendidos. A área de suprimentos se preparou para uma demanda inexistente e acabou com estoques obsoletos milionários, afetando severamente o valor de mercado da empresa naquele período.

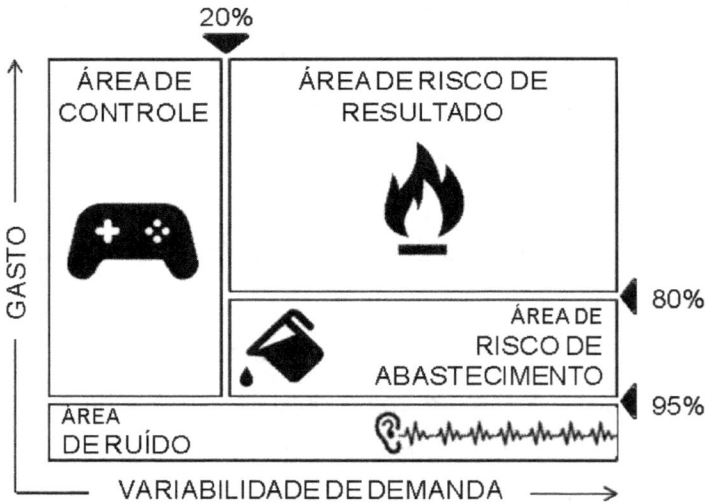

A área de suprimentos tem controle sobre o limite de variação de demanda que a cadeia de fornecimento da empresa consegue absorver. No gráfico acima, esse percentual é representado por 20%, significando que as flutuações além do planejado podem variar até 20% e a cadeia de abastecimento ainda será capaz de reagir tanto para cima quanto para baixo. No entanto, a empresa também pode utilizar a relação entre variabilidade e gastos para identificar áreas de risco que precisam ser aperfeiçoadas. Na estratégia de suprimentos, itens comprados podem ser combinados para diversos produtos ou desmembrados em diversas fontes a fim de reduzir a variabilidade. Logo, itens exclusivos são reféns de uma boa previsão e baixa variabilidade, mas quanto mais for possível flexibilizar a composição do produto final, mais flexível e resiliente será a cadeia de fornecimento.

O terceiro dilema que a área de suprimentos deve lidar é a qualidade. As empresas são forçadas a reduzir constantemente os gastos, o que induz a revisar especificações e simplificar processos que reduzem desperdícios, controles e podem impactar a qualidade do produto final. A qualidade define a reputação da empresa e cria valor, porém alguns critérios são superdimensionados e não são percebidos pelo cliente final, abrindo espaço para a concorrência se posicionar com preços menores. A área de suprimentos precisa questionar e propor opções que reduzam perdas de valor ou aumentem os custos, contudo incrementando valor em patamares muito maiores. Um padrão estatístico numérico que define a qualidade do produto é a taxa de reclamação (SCR - service call rate), um indicador que mede a satisfação do cliente no campo. O relacionamento com o cliente, a partir de pós-vendas, categoriza falhas que precisam ser corrigidas, desde o funcionamento até os níveis de entrega. O SCR é um indicador percentual e implica em produtos que estão no período de qualidade e precisam ser trocados sem questionamento, a troca é computada como perda e, apesar de ser intrínseca à operação de vendas, deve ser monitorada e corrigida.

Em 1982, a Johnson & Johnson passou por uma situação crítica na venda de seu medicamento Tylenol. Foi confirmado que as cápsulas estavam contaminadas com cianeto, ocasionando a morte de sete pessoas na cidade de Chicago. A causa raiz nunca foi identificada, contudo a J & J precisou realizar um dos maiores recalls da história, evitando a destruição da reputação da marca. O custo do recall atingiu patamares de 100 milhões de dólares e exigiu ações específicas de segurança para toda a cadeia de abastecimento e produção de medicamentos da empresa. O conceito de embalagem foi revisto, com incremento de custo, mas muito mais segurança para o consumidor. Embalagens resistentes à violação e seladas a vácuo restabeleceram a confiança do consumidor. A J&J percebeu que uma embalagem barata não compensa o risco de fraude aos seus produtos. Outro caso notório de falhas de qualidade que impactam a cadeia de abastecimento foi o produto Heparina da Baxter International, em 2008. A Heparina é um anticoagulante e foi intencionalmente contaminada com a substância química OSCS (sulfato de condroitina oversulfatada). A Baxter contava com fornecedores chineses, que foram eliminados da base de fornecimento, mas essa ação não foi suficiente para garantir a qualidade e assegurar a reputação da marca. A Baxter redesenhou o controle de qualidade dos fornecedores e definiu diretriz de monitoramentos que asseguravam a homologação de fornecedores e a validação de produtos.

O risco de abastecimento por falha de qualidade não impacta apenas as vendas, mas também a reputação da marca. A definição e validação de fornecedores devem seguir classificações que implicam em como a empresa irá tratar cada componente. A taxa de reclamação é um indicador estatístico para otimizar produtos, entretanto alguns produtos não podem apresentar falhas, portanto o custo sempre deve caminhar junto com uma alta segurança de abastecimento e qualidade.

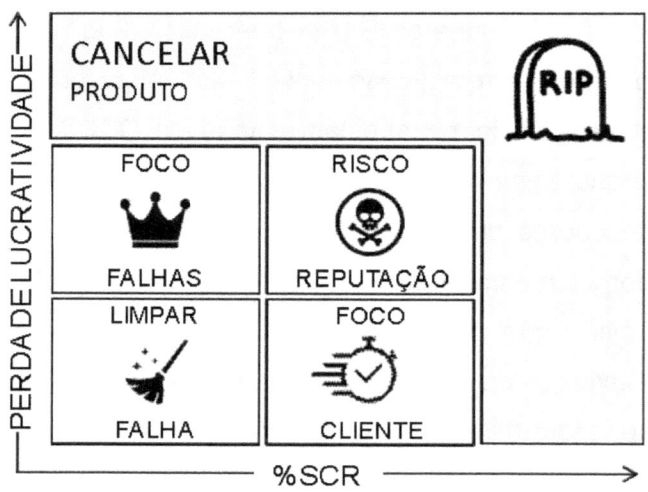

159

Cada segmento definirá o limite de SCR (Taxa de Reclamação de Serviço) e perda de lucratividade, sendo zonas não negociáveis que precisam de procedimentos, estratégias e estrutura confiável para operar. Entretanto, produtos que não causam risco à reputação da marca e têm apenas impacto econômico precisam ser avaliados com base na relação entre reclamações dos clientes, que proporcionam melhoria do produto e serviço, ou falhas de abastecimento que aumentam a probabilidade estatística de problemas que precisam ser tratados na causa raiz, rastreáveis pela Eficiência Geral do Equipamento (OEE) e indicadores internos de qualidade.

O quarto e último dilema da área de suprimentos é o fluxo de caixa, que entra em conflito com os gastos e tem relevância significativa para qualquer operação. A má gestão do fluxo de caixa pode levar à falência. O fluxo de caixa precisa se equilibrar com a preferência temporal do segmento de atuação da empresa e/ou de determinado produto. Alocar capital próprio ou de terceiros exige uma taxa de retorno adequada. Qualquer projeto de redução de custos que requer capital intelectual e financeiro precisa ser justificado, assim como qualquer projeto que minimize o fluxo de caixa livre da empresa precisa ser planejado para criar valor aos resultados corporativos.

Na década de 80, o Brasil testemunhou uma emblemática batalha por participação de mercado entre a Antártica e a Brahma, que utilizavam memoráveis campanhas publicitárias, alto investimento comercial para conquistar importantes pontos de venda e preços baixos para inibir a concorrência de operar em determinadas regiões. O foco era desestruturar o caixa do concorrente para assumir uma participação relevante no país. Aos poucos, ambas as empresas esgotaram seus caixas, tornando a possibilidade de crescimento insustentável e as colocando em risco de falência. A Brahma, que era controlada pelo Grupo Matarazzo, um grande conglomerado brasileiro nos setores têxtil, alimentício, papel e bebidas, sentiram os efeitos da competição acirrada, levantando questionamentos entre os principais acionistas sobre o segmento de bebidas do Grupo Matarazzo. A dúvida sobre a Brahma abriu espaço para Jorge Paulo Lemann e investidores do Grupo Garantia se posicionarem como interessados em adquirir a Brahma devido à delicada situação de caixa.

O preço pago pelo Banco Garantia pela cervejaria Brahma resultou na participação majoritária do grupo, que redesenhou a gestão do fluxo de caixa e a eficiência operacional, forçando uma situação delicada para a Antártica, que avaliou a opção de uma fusão proposta por Lemann como a melhor alternativa para a sobrevivência e resultados financeiros coerentes. Em 1999, a cervejaria Ambev foi criada como resultado da fusão entre Antártica e Brahma.

O descontrole do fluxo de caixa, proveniente de má gestão operacional e concorrência desestruturada, desafiam o modelo de negócio e faz com que os acionistas reavaliem a viabilidade do negócio, especialmente quando não há retorno sobre o investimento, considerando margens de lucro pequenas e esforços comerciais e publicitários significativos para manter o negócio em funcionamento. A área de suprimentos, alinhada com as áreas de vendas e marketing, desempenha um papel importante na gestão eficiente do caixa. No caso da Brahma, negociações com fornecedores, gestão de desperdícios, eficiência operacional na produção e entrega fortalece a posição da empresa para a possibilidade de fusão. A redução de custos entra em conflito com a geração de caixa quando não há adição de valor. Reduzir custos exige eficiência, que define a dinâmica de gastos da operação e dos fornecedores parceiros. Negociar despesas é parte das atribuições da área de suprimentos, mas quando a redução de custos exige alocação de capital, é essencial reconhecer como e quando o capital alocado retornará para o caixa da empresa, seja por meio do lucro ou da alavancagem financeira de caixa. O aumento do fluxo de caixa pode advir de despesas menores que geram mais lucro, mas também da ampliação do prazo de pagamento aos fornecedores, tempos de entrega mais eficientes e estoques reduzidos.

O indicador que define se um projeto cria valor é o WACC (Custo Médio Ponderado de Capital). Qualquer projeto que impacta o fluxo de caixa e gera valor abaixo do WACC é considerado um suicídio financeiro, pois, em escala, destrói o resultado consolidado da empresa e a coloca em direção à falência. O WACC representa o custo de capital que os acionistas buscam recuperar para cada real investido na operação. Se o WACC é definido como 20%, os projetos devem gerar no mínimo esse percentual, exceto em casos em que o retorno pode não ser significativo, mas ainda assim aumenta o fluxo de caixa. O santo graal da eficiência operacional são projetos que alavancam o caixa e proporcionam retorno acima do WACC. Esses projetos têm prioridade e requerem atenção dos *stakeholders* para execução. Identificar projetos "santo graal" não é fácil, a menos que a área de suprimentos seja bem estruturada e tenha um foco operacional exclusivo.

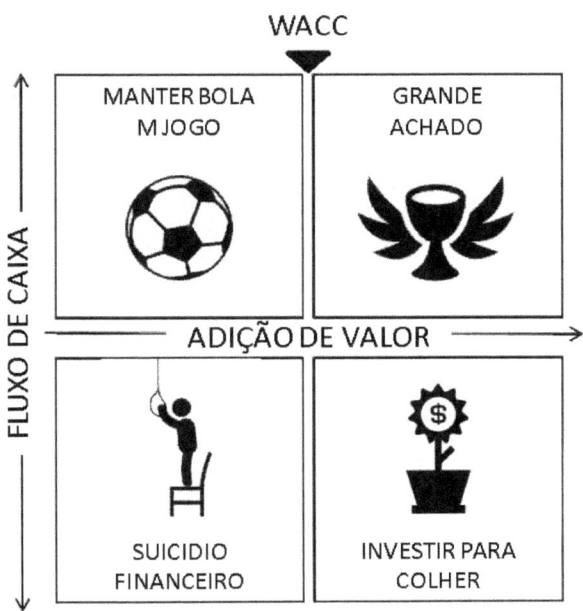

O conceito de adição de valor será detalhado no capítulo 11, onde os projetos estratégicos de execução são priorizados e definidos. A área de suprimentos, ao garantir o abastecimento, precisa executar de forma eficiente, preservando o caixa da empresa para garantir uma vantagem competitiva em relação aos principais concorrentes. Possibilidades simples, como garantir caixa para suportar maior variabilidade ou maiores erros de previsão, garantindo que as demandas de pico serão atendidas e que as baixas demandas não gerarão estoques obsoletos, são projetos de adição de valor que precisam ser analisados, propostos e executados. A adição de valor trazida pela área de suprimentos requer re-configurar a cadeia de fornecimento, mas quando os limites impostos pelos dilemas acima podem ser superados, é certo que a área está no caminho certo.

O processo estratégico de segurança de abastecimento classifica itens, categorias e fornecedores como estratégicos, gargalos, alavancagem e não-críticos. A matriz de posicionamento estratégico foi proposta por Peter Kraljic em 1983, tornando-se um framework de suprimentos. Segundo Kraljic, a classificação da segurança de abastecimento baseia-se nos eixos de risco de impacto à lucratividade e risco de não abastecimento. A cadeia de suprimentos precisa absorver riscos, e classificar itens, categorias e fornecedores de forma estratégica permite pensar fora da caixa em termos de como a configuração de suprimentos deve ser organizada. O risco de impacto à lucratividade envolve a potencial perda de vendas devido a picos de demanda, erros de previsão e eventos disruptivos. O risco de não abastecimento está associado a fatores de configuração, como o número de fornecedores, exclusividade, velocidade de resposta e dificuldade de aprovar alternativas.

Terras-raras correspondem a um grupo específico de elementos químicos. O neodímio, muito demandado, é usado em ímãs para geradores, motores, fones de ouvido de alto desempenho e outros elementos químicos também possuem demandas específicas, como o Cério para catalisadores e cerâmicas, o Lantânio para baterias especiais, o Samário e Hólmio para ímãs de alta potência e o Disprósio e Túlio para lasers. Em 2010, o mercado sofreu com a escassez de terras-raras, uma vez que a China detinha 80% da base de fornecimento e, durante esse período, diversos fatores combinados limitaram a disponibilidade de terras-raras para os consumidores locais. A China definiu novas políticas de exportação, houve aumento significativo na demanda por esses materiais, a China regulamentou a prática de extração de terras-raras devido à consequências ambientais, poluição e trabalho ilegal, e a capacidade de produção/extração era limitada, a tecnologia disponível não suportava picos significativos de demanda. Empresas como GE, Siemens e Vestas enfrentaram o risco de não abastecimento devido à indisponibilidade de terras-raras para a fabricação de turbinas eólicas, enquanto Rolls-Royce e Pratt-Whitney não conseguiam atender à demanda por motores a jato devido à escassez de ímãs de alta potência. O risco de não abastecimento também impactava a lucratividade, o que causou pânico na área de suprimentos por opções que mantivessem a cadeia de fornecimento funcionando e garantissem o abastecimento. A ação paliativa foi buscar e aprovar fornecedores em outros países além da China, garantindo disponibilidade futura por meio de ações específicas envolvendo materiais alternativos, reciclagem e parcerias estratégicas. A crise das terras-raras durou dois anos até ser normalizado, período em que houve atrasos nas entregas, inflação astronômica nos preços dos elementos químicos e perda de receita.

A teoria do "viés otimista" se baseia no cérebro interpretar tendenciosamente informações, de acordo com a teoria proposta por Tali Sharot, há uma maior probabilidade de uma pessoa acreditar em eventos positivos do que em eventos negativos, levando as pessoas a acreditar que determinadas situações nunca acontecerão com elas. Por meio da neurociência e da psicologia experimental, Tali demonstrou que o otimismo irrealista influencia o comportamento humano na tomada de decisões, negando possibilidades que não foram vivenciadas, o que dificulta lidar com incertezas e expectativas racionais. Na segurança de abastecimento, quando se trata de assumir riscos no fornecimento, especialmente em situações envolvendo fontes limitadas, relacionamentos frágeis e alta dependência, como no caso das terras-raras, uma decisão da liderança baseada no "viés positivo" coloca o negócio em risco ao não fornecer opções para lidar com possíveis rupturas na cadeia de fornecimento. A matriz de Kraljic racionaliza a priorização e classificação de itens, fornecedores e categorias com base na probabilidade de risco. A classificação de riscos na matriz de Kraljic trabalha com padrões numéricos de risco de não abastecimento e risco de impacto na lucratividade. Itens, fornecedores e categorias se conectam ao negócio, evidenciando o impacto em caso de falha na cadeia de fornecimento. Na matriz de Kraljic, a intersecção dos eixos define quatro quadrantes que determinam o direcionamento estratégico que precisa ser adotado.

No quadrante onde há alto risco de impacto na lucratividade em caso de não abastecimento, há uma estratégia específica que busca minimizar riscos antes de ocorrer um evento de ruptura. No quadrante em que o risco de impacto na lucratividade é alto, mas o risco de abastecimento é baixo, existe uma oportunidade de alavancagem que gera competitividade e oportunidades de reduções de custos. Os outros dois quadrantes classificam baixo risco de impacto na lucratividade, sendo gargalos quando há risco de abastecimento, mas contornados com ações paliativas de inventário e logística especial. Em itens em que não há risco, a classificação é não-crítica, e as ações de consolidação e padronização criam escala e simplificam a cadeia de fornecedores.

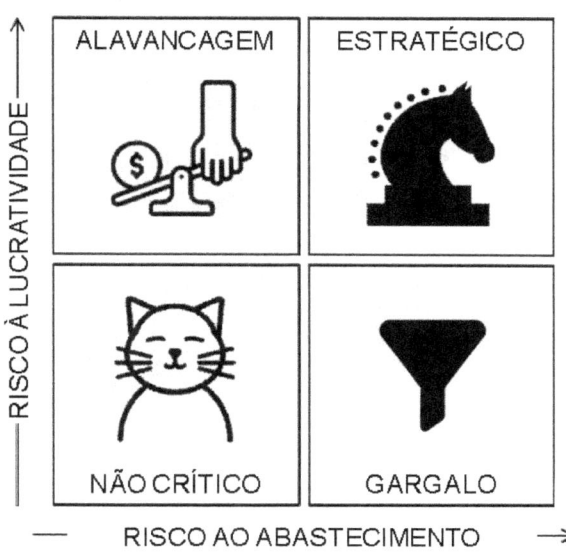

Quando se trata de assegurar o abastecimento, a área de suprimentos tem máxima prioridade nesse aspecto. A cadeia de abastecimento deve ser desenhada e executada de forma a reduzir os riscos a quase zero, em condições onde a previsão de demanda é incorreta, há picos e alta variabilidade de demanda, a má qualidade pode prejudicar a reputação da marca e afetar os resultados, a alocação do fluxo de caixa não adiciona valor à cadeia de suprimentos e a definição de fontes não coloca o negócio em risco em caso de ruptura parcial ou total. A construção da estratégia antecipa cenários de demanda, competição, escassez e ruptura; todas as possibilidades são abordadas com opções de mitigação que fazem parte do planejamento de curto e longo prazo, garantindo a segurança de abastecimento em níveis sustentáveis de forma eficiente.

# [Capítulo 7] Relacionamento Comercial

"Em um mundo cada vez mais interconectado, as parcerias estratégicas são essenciais para o crescimento e a expansão dos negócios."

(N. R. Narayana Murthy)

---

Em novembro de 2004, no Brasil, o supermercado Pão de Açúcar, liderado por Abílio Diniz, decidiu retirar todos os produtos da marca Coca-Cola de suas prateleiras. A disputa de poder e o fraco relacionamento comercial culminaram em uma reação drástica quando as negociações de preços não chegaram a um acordo "ganha-ganha". O Pão de Açúcar precisava de melhores condições de preço, contudo a Coca-Cola foi inflexível e teve posição dominante impondo preços de venda ao supermercado. As negociações não avançaram mesmo o Pão de Açúcar demonstrando que a oferta da Coca-Cola não possibilitava margens mínimas de revenda. A Coca-Cola tinha uma marca forte, contudo representava menos de 1% do faturamento do grupo Pão de Açúcar. Abílio Diniz tomou uma posição drástica e, diante da inflexibilidade da Coca-Cola, decidiu cancelar todas as ordens de compra e limpar as prateleiras de todos os supermercados do grupo. A reação do Pão de Açúcar foi notada facilmente pelos consumidores e gerou repercussão na mídia, expondo a marca Coca-Cola no Brasil, que perdeu um cliente com poder de compra devido à inflexibilidade comercial e ao posicionamento "ganha-perde". O Pão de Açúcar, ao tomar uma atitude drástica, expôs a marca, que rapidamente reabriu negociação de preço, agora com flexibilidade para um acordo. As negociações duraram algumas semanas e preços adequados foram definidos.

Em 2006, a Coca-Cola teve o mesmo padrão de comportamento com o Wal-Mart dos EUA, o que culminou na mesma experiência dramática de cancelamento de ordens de compra e esvaziamento das prateleiras. O Wal-Mart provavelmente utilizou-se da atitude brasileira para reabrir negociações "ganha-ganha", o que foi bem-sucedido em semanas.

A negociação comercial entre a área de suprimentos e fornecedores é um processo importante, pois define resultados financeiros e reputação comercial da empresa perante o mercado. Pedidos de desconto colocam o acordo comercial em risco, seja por gerar inflexibilidade e forçar uma situação desfavorável que culmina em ações unilaterais, seja por uma ação operacional que não demonstra atitude e não reconhece a posição do fornecedor como a melhor possível no momento.

A relação entre compradores e fornecedores é regida por uma lei de oferta e demanda que define os preços de mercado e a flutuação com base em escassez, poder de compra e custos. Em 1890, Alfred Marshall refinou a teoria de Adam Smith associando a relação entre oferta e demanda com preços e volumes a partir de um ponto de equilíbrio resultante. O dinamismo do mercado comercial sugere relações comerciais sólidas que desviam das compras pontuais inseridas no modelo de Alfred Marshall. Empresas submersas em compras exclusivas, dependência de fornecimento e péssimo relacionamento com fornecedores serão inevitavelmente impactadas algum dia por movimentos drásticos que colocarão o resultado em risco. Logo, depender de commodities e fornecedores específicos garante flutuação de custos e relacionamento comercial fraco. Os preços de compra são definidos por acordos comerciais e se ajustam a estratégias de não dependência, o que influencia o ponto de equilíbrio e equaciona posições dominantes e vantagem competitiva na mesa de negociação.

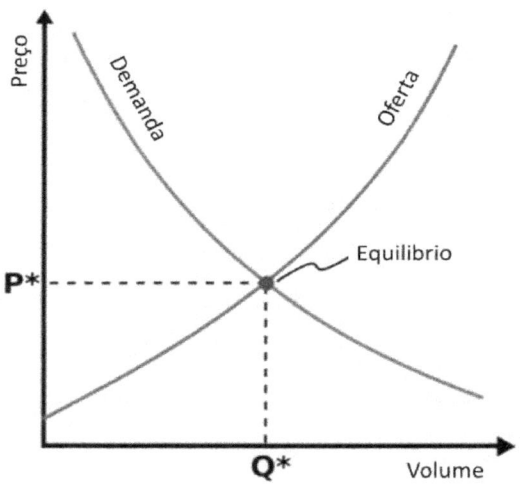

O ponto de equilíbrio é uma condição de mercado e se desloca positivamente quando há relação comercial. A dependência define uma única opção de fornecimento que expõe os preços à escassez do fornecedor, levando a aumentos desproporcionais no mercado. A exclusividade segue a mesma fundamentação da dependência, contudo se diferencia, pois pode ser repassada aos clientes até certo limite de volume e preço. Navegar em zonas flexíveis de negociação de preços e prazos define relacionamentos comerciais entre duas empresas, possibilitando escala e equilíbrio de longo prazo.

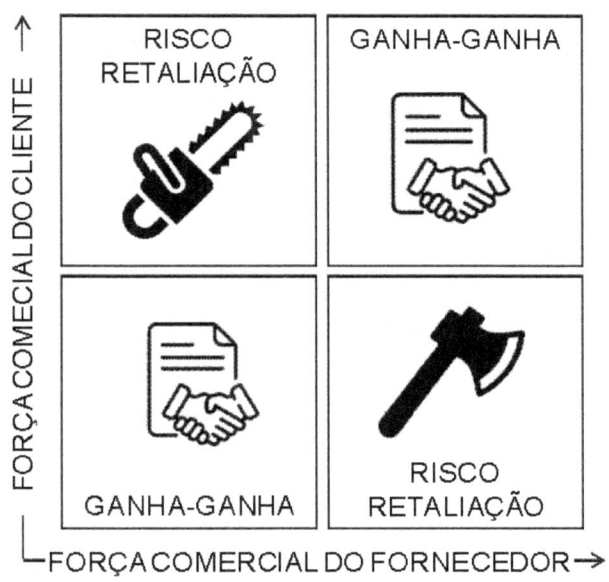

As posições dominantes ocorrem quando um lado tem mais força comercial do que o outro, por diversas razões que criam dependência. Um cliente pode tornar o crescimento da receita de um fornecedor exponencial, ocupando 90% do faturamento e gerando uma posição dominante. Da mesma forma, um fornecedor pode ter uma tecnologia que demoraria anos para ser desenvolvida, e o cliente depende dessa tecnologia para vender produtos importantes e populares. A falácia do "ganha-ganha" só é válida quando as posições de ambos os lados definem um equilíbrio. Em uma relação comercial que equilibra os mercados, utiliza-se a teoria dos jogos para antecipar reações. No caso da Coca-Cola e do Pão de Açúcar, a posição dominante da Coca-Cola forçou o Pão de Açúcar a demonstrar sua própria posição dominante, mostrando que não precisava da Coca-Cola para gerar receita. Essas posições dominantes resultaram na busca por um acordo que equilibrasse a relação comercial.

Empresas automobilísticas têm reputação de utilizar seu poder de compra para reduzir custos. A Volkswagen e a Stellantis, sendo empresas de $300 bilhões e $200 bilhões de dólares de receita, respectivamente, alocam cerca de 60-70% dos gastos gerais no pagamento de fornecedores de matérias-primas diretos e indiretos. O ecossistema bilionário do automobilismo gera interesse de diversos investidores e empresários que precisam ser cautelosos em seus acordos comerciais. Não é do interesse de nenhuma montadora, como a Volkswagen e a Stellantis, causar a falência de fornecedores; pelo contrário, o foco é na parceria estratégica, onde as empresas são respaldadas por alta competitividade de preços e produtividade contínua. Fornecedores dependentes da Volkswagen ou Stellantis terão mais dificuldade em gerenciar o relacionamento do que fornecedores diversificados em outros clientes e segmentos.

A Volkswagen definiu a consolidação do poder comercial por meio de aquisições, possuindo atualmente marcas como Audi, Porsche, Bentley, Bugatti, Lamborghini, Seat e Skoda. A Stellantis nasceu da fusão entre Fiat e Peugeot, com marcas como Fiat, Peugeot, Chrysler, Jeep, Dodge, Ram, Alfa Romeo, Maserati, Citroën e Opel. A abordagem competitiva da Stellantis segue o legado de Sergio Marchionne, que compreendia a indústria automobilística como uma floresta onde apenas as grandes árvores sobreviveriam. Na visão de Marchionne, fusões e alianças são fundamentais para a construção de escala e eficiência, sendo chave o controle de gastos, adotando abordagem competitiva e produtiva na influência da cultura interna e fornecedores parceiros. Além da escala e eficiência, o foco na adaptação, inovação e regulamentação fazia parte de uma constante quebra de paradigma que levava a empresa além do modelo tradicional e convencional.

Parceria estratégica e comercial exige alinhamento sobre os modelos de negócio e proposta de valor. A pressão por custos baixos, inovação ou prazos é uma característica do segmento e da atuação dos concorrentes. Empresas são representadas por profissionais no relacionamento comercial, onde vendedores e compradores buscam acordos favoráveis para a empresa que representam, onde o comprador negocia o custo mais baixo e o vendedor volumes e lucros.

A teoria dos jogos é uma ciência matemática que antecipa resultados com base no comportamento do mercado, sendo uma referência para os clientes, fornecedores e concorrentes. Na dinâmica da teoria dos jogos companhias aéreas precisam dispor de rotas e horários estratégico associando as estratégias dos concorrentes. Na Europa, empresas como Lufthansa, Ryanair, Air France, IAG e Turkish precisam ser cautelosas ao criar rotas, evitando guerra de preços. A teoria dos jogos busca modelar o comportamento dessas empresas prevendo estratégia combinada em beneficio equilibrado. A Lufthansa foca em alianças com outras companhias aéreas menores, beneficiando-se de conexões; a Air France e IAG definem fusões onde KLM, Iberia e British Airlines são conectadas a uma empresa representada por diferentes marcas. A Ryanair foca em rota de baixo custo, com escala e aeroportos alternativos, enquanto a Turkish busca vôos de longa distância com um "hub" em Istambul. As estratégias combinadas das empresas estabelecem receita e lucro, sem a necessidade do confronto comercial por preço. Contudo há a possibilidade de potenciais clientes optarem por alternativas como ônibus, trem e carro, dificultando estratégias a rotas curtas. Na teoria dos jogos, é possível associar todas as opções de concorrência, clientes e fornecedores e adaptar a estratégia até um equilíbrio, onde preço e volume definem estratégias específicas. As empresas adaptarão estratégias com base nas estratégias dos concorrentes, clientes e fornecedores, onde vantagem competitiva e relacionamento de poder permitem às empresas participarem da fatia maior de mercado, e empresas rígidas em flexibilizar estratégia acabam declarando falência.

O mercado de "*home appliances*" é um mercado global de $400 bilhões de dólares. Empresas como Samsung, LG, Whirlpool, Haier, Midea, Bosch, Panasonic e Electrolux estão presentes nas casas de bilhões de pessoas e competem adequando estratégias. O mercado de "*home appliances*" refere-se ao setor de eletrodomésticos, que inclui produtos elétricos que facilitam tarefas cotidianas, como na cozinha há refrigeradores, fogões, fornos, micro-ondas e máquinas de lavar louças, e para limpeza há máquinas de lavar roupa e aspiradores de pó, e para cuidados pessoais há secadores de cabelo e máquinas de barbear. As oito empresas listadas acima detêm 45% do mercado global, com destaque para as chinesas Haier e Midea, entretanto há uma infinidade de outras marcas com estratégias específicas que trazem vantagem competitiva a sub-segmentos do "*home appliance*", desde CMO (Empresas de Fabricação por Contrato), que focam em manufaturar produtos para outras marcas como Foxconn, Flex e Jabil. Também há empresas que focam em segmentos específicos no "*home appliance*" com produtos específicos e diferenciados, como Nespresso, Dyson e Gillette.

O conceito de vantagem competitiva foi detalhado pela primeira vez por Michael Porter em 1979, para ele o mercado constantemente desafia o *status quo* através de cinco forças fundamentais. As forças de Porter se relacionam com a teoria dos jogos, mas possibilitam avaliar forças e estratégias que alavancam vantagem competitiva e determinam a relação de poder em determinado segmento de atuação. As cinco forças definidas por Porter são: a "rivalidade entre concorrentes", o "poder de barganha de clientes", o "poder de barganha de fornecedores", a "ameaça de novos entrantes" e a "ameaça de produtos substitutos". As forças de Porter apesar de abordagem distinta da teoria dos jogos auxiliam tomadores de decisão na definição da melhor estratégia de posicionamento de produtos no mercado. Enquanto Porter propõe as forças de mercado, a teoria dos jogos estuda o comportamento estratégico das empresas em resposta às forças.

A área de suprimentos deve utilizar as forças de Porter e a teoria dos jogos para refinar estratégias em uma categoria específica ou para entender o relacionamento comercial com fornecedores. Quando se identifica o poder de barganha do fornecedor, é importante construir rivalidade; ao construir rivalidade, é exigido desafiar o *status quo* com novos entrantes e alternativos, até que alternativas rivalizem e definam novos fornecedores com poder de barganha, forçando a refazer o ciclo de equilíbrio. A estratégia se ajusta constantemente com foco em um equilíbrio, e quando o equilíbrio é atingido, estratégias são desenhadas para desequilibrar o mercado ou em favor da estratégia de suprimentos da empresa.

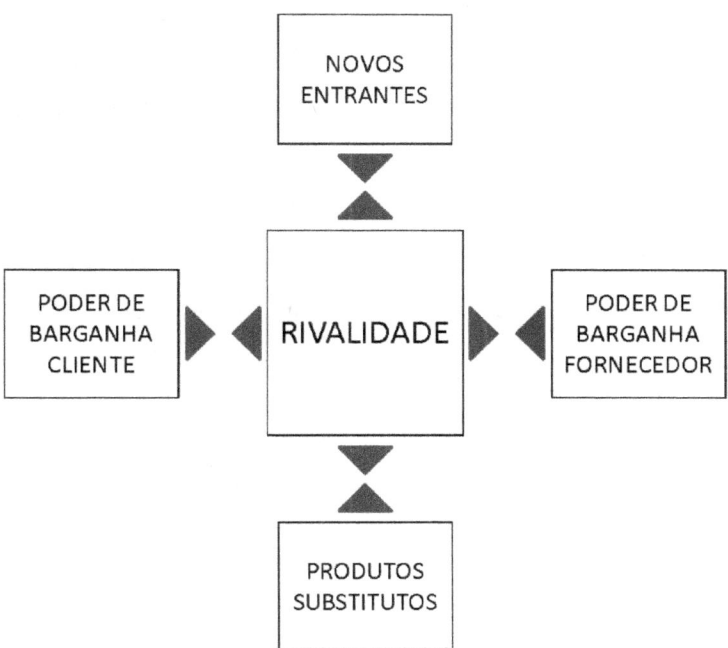

Ao definir a força da rivalidade, Porter sugere identificar as empresas (jogadores) que competem em um mesmo segmento. Através da teoria dos jogos, busca-se identificar como os jogadores definem as estratégias considerando ações e reações dos demais. Quando se compreende padrões e antecipa a resposta dos jogadores frente à concorrência, é possível desenhar abordagens de relacionamento adequadas. É possível identificar congruência estratégica em um grupo de empresas supostamente rivais, mas que aliviam a pressão comercial através de cooperação e/ou colusão, sendo providencial pensar em novos entrantes e alternativas para desestruturar o suposto alinhamento. As forças de Porter definidas como novos entrantes ou produtos substitutos buscam empresas e tecnologias com interesse no segmento, mas com dificuldades devido a barreiras impostas por clientes e mercado consumidor. A área de suprimentos, através da teoria dos jogos, analisa o comportamento de novos jogadores e flexibilidade comercial; ao auxiliar na remoção das barreiras de entrada, é importante negociar patamares comerciais que redesenhariam as regras do jogo em determinada categoria ou segmento.

Fornecedores definem estratégias de precificação que analisam custos, lucratividade, representatividade do cliente e segmento e ofertas do mercado concorrente. A área de suprimentos precisa identificar como a estratégia de precificação é definida e quem são os tomadores de decisão em determinado fornecedor. A teoria dos jogos possibilita analisar como os fornecedores reagem a variações de preços, desde um pleito de aumento até uma solicitação de redução. Quanto mais a área de suprimentos busca racionalidade para a redefinição de preços, mais entende a dinâmica de preços do segmento, que, pela teoria dos jogos, é esperada similaridade devido ao alinhamento estratégico ao longo dos anos de rivalidade. Entretanto, as empresas fornecedoras não buscam somente brigar por preços, logo é esperado que utilizem estratégias de diferenciação, além da estratégia de precificação. É importante compreender o modelo de negócio e resultados consolidados (ROI e Liquidez) para definir se a proposta de valor é condizente para o fornecedor. A análise através da teoria dos jogos possibilita diferenciar produtos e serviços entre rivais, considerar o que é proposta de valor para a empresa e se realmente a proposta de valor agrega valor ao seu negócio.

É crítico quando é percebida a dependência, o que revela a força de Porter de "poder de barganha do fornecedor". A dependência pode ser comercial, como preço e prazo diferenciado, mas também pode ser técnica, tecnológica e de custo de validação. Ao identificar a força de poder do fornecedor, é possível aplicar a teoria dos jogos para entender a dinâmica da utilização do poder no relacionamento comercial. Fornecedores dominantes podem buscar vantagens comerciais quando identificam dependência, o que desestrutura confiança. Em cenários dominantes, fornecedores exercem maior poder de negociação, influenciando acordos de preços, prazos e termos contratuais. Em categorias imersas em desequilíbrio da força de barganha do fornecedor, trazer rivais e alternativas é crucial, pois a posição dominante pode colocar o negócio em risco.

Em relacionamentos comerciais, é importante compreender as barreiras de entrada, que são condições que induzem dependência, incrementam esforço interno para mudanças e podem criar tensões comerciais sérias ao negócio. Fornecedores com produtos exclusivos ou patenteados inibem a rivalidade e a ameaça de novos entrantes. A teoria dos jogos, ao antecipar reações, identifica como um fornecedor reage quando percebe que a dependência pode ser mitigada. Logo, diagnosticar cenários de retaliação e cooperação são providenciais.

Independentemente de como a dinâmica de interdependência é definida, relações comerciais precisam ser desenhadas em horizontes de longo prazo e regras de parceria. Quando fornecedores ou clientes se sentem ameaçados, o que na teoria dos jogos é analisado como traição, desviando da racionalidade, espera-se posições defensivas. Na análise de relação de longo prazo, analisam-se variações estratégicas de negociação entre compradores e fornecedores em ambiente de longo prazo. A visibilidade de longo prazo para o fornecedor traz segurança, que engaja em ofertas melhores, contudo para o comprador é uma possibilidade a menos de futura competitividade no curto prazo. Em relações de longo prazo, é importante a transparência na abertura de custos e mecanismos de reajustes de preços que possibilitem previsibilidade.

Relações de longo prazo associam-se a parceria estratégica e, neste caso, diferenciar relacionamentos tem relevância, pois fomenta oportunidades não planejadas. Estabelecer parceria envolve investimentos, logo à alta diretoria deve estar alinhada. Envolvem alocação de pessoas para novas idéias, envolvimento antecipado, pesquisa e desenvolvimento que garantam vantagem competitiva. A abordagem de parceria é relevante, pois equilibra forças e a competitividade não fica somente no menor custo, mas no custo associado a valor. Parcerias bem-sucedidas personalizam a cadeia de abastecimento, considerando produtos, inovação, serviços, fluxo de caixa e serviços especiais como valor agregado ao negócio.

# [Capitulo 8] Planejamento estratégico

"Um bom plano hoje é melhor do que um plano perfeito amanhã. O planejamento estratégico é sobre ação, não apenas reflexão."

(George S. Patton)

---

Em outubro de 1984, um jovem de 21 anos estreou nas quadras da NBA, na partida Chicago Bulls vs. Washington Bullets. O talento e a diferenciação técnica de Michael Jordan chamaram a atenção do público, patrocinadores e da Nike. No mês de estréia de Jordan, a Nike propôs e assinou um contrato de parceria que mudaria a história do lançamento das grifes esportivas. Convencionalmente, naquela época, marcas de esporte patrocinavam times e atletas conceituados, nunca um novato.

Com o contrato em mãos, a Nike investiu recursos financeiros e humanos no talento de Jordan e iniciou o desenvolvimento de um tênis exclusivo e personalizado chamado Air Jordan. O lançamento do Air Jordan tinha uma data para acontecer, precisando ser dois meses antes do fim da temporada, antes dos playoffs, pois o atleta precisava utilizar o tênis durante os jogos. O time da Nike então tinha seis meses para criar, desenhar, validar, produzir e entregar o produto, enquanto o time de marketing criava euforia a cada boa jogada e vitória de Jordan com o Chicago Bulls. O planejamento estratégico da Nike exigia disciplina de execução e cultura inovadora para lançar algo diferenciado. O designer Peter Moore criou o logotipo "*Jumpman*", uma marca registrada do tênis. A idéia de o atleta vestir o tênis nos jogos foi reprovada pelos organizadores da NBA, pois estava em desconformidade com o uniforme. A Nike utilizou-se dessa barreira para criar curiosidade e desejo em relação a algo proibido, o que foi circunstancialmente vantajoso para a marca, gerando euforia, principalmente devido ao bom desempenho de Jordan na temporada.

A demanda de vendas planejada para o Air Jordan estava muito abaixo da demanda real, o que fez os estoques serem zerados em dias e puxou a cadeia de fornecimento para atender a uma procura recorde, dado o frenético interesse de fãs, colecionadores e admiradores. A decisão, o planejamento, o marketing e a habilidade em utilizar contratempos para alavancar a marca tornaram o Air Jordan um dos maiores lançamentos da Nike de todos os tempos. Versões limitadas foram exploradas, o que atraiu colecionadores e fãs a pagarem valores maiores por exclusividades, seguindo uma estratégia de produto interrogativo e estrela, com picos e variabilidade significativa de volume. O Air Jordan foi um produto que exigiu flexibilidade na cadeia de fornecimento para atender a demandas expressivas em curto período de tempo.

O planejamento estratégico é uma abordagem corporativa para definir planos que atendam a uma expectativa de alto nível. O exemplo do Air Jordan é um fragmento de como o planejamento estratégico opera, definindo prazos, volumes e gastos. Antes de criar demanda, a Nike precisou investir em um contrato com o atleta, em marketing de produto e dedicar pessoas para desenvolver um produto do zero em menos de seis meses. O que a Nike fez não é novidade no mundo corporativo, onde empresas precisam gastar antes de gerar demanda.

O planejamento estratégico tem conotação com a teoria do caos, regida por equações matemáticas desenvolvidas por Edward Lorenz e James Yorke. Aplicativos de previsão do tempo buscam prever com precisão baseados em correntes de vento, formato das nuvens e temperatura local quando e onde irá chover. Prever o tempo é como fazer um planejamento estratégico, é fato que irá chover, mas determinar exatamente quando é somente possível com probabilidade. Na teoria do caos, variações mínimas e aparentemente irrelevantes podem levar a efeitos desproporcionais, elevando o grau de incerteza sobre os resultados. Lorenz definiu equações tridimensionais não-lineares e associou o efeito borboleta à imprevisibilidade meteorológica.

No mundo corporativo, todas as empresas dispõem de um período do ano para planejar estrategicamente o ano seguinte. O objetivo é definir metas macro da corporação e desmembrá-las em projetos e atividades micro para as áreas e indivíduos. A cultura é fundamental para o êxito das empresas em conquistar resultados expressivos, contudo o planejamento define o direcionamento e objetivos claros de curto e médio prazo. É no planejamento estratégico que são definidos investimentos, expectativas de vendas e gastos. Esses três fatores macro possibilitam determinar o ROI e a liquidez, que se baseiam em indicadores como EBITDA, ativos totais, inventário e ativos e passivos circulantes. A estabilidade econômica de uma empresa exige que os indivíduos saibam como colaborar em conjunto para um resultado consolidado em comum.

Na área de suprimentos, as atividades que colaboram para o plano estratégico da empresa estão relacionadas a reduções de gastos e ampliação do fluxo de caixa. É importante evitar e banalizar a meta de suprimentos em expectativas anuais de percentual de redução sem base de mercado. Líderes que definem a meta de 3% a 5% de redução sem contextualização com o mercado fornecedor acabam implicando em um efeito negativo exponencial que não se adéqua ao planejamento estratégico, criando caos.

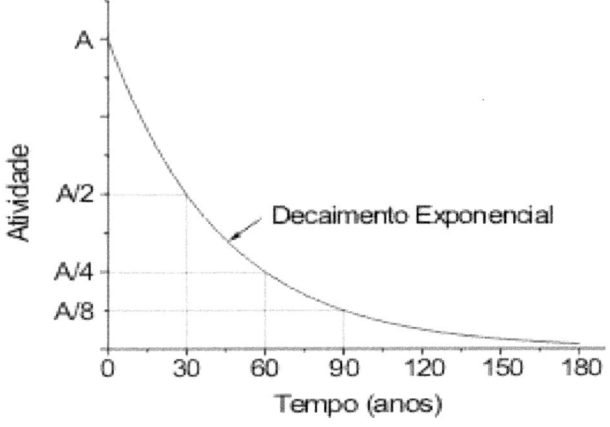

Um planejamento estratégico de suprimentos profissional constrói planos estruturados, suportados por projetos de reduções de custo e fluxo de caixa que agregam valor ao resultado da empresa. Os projetos exigirão alocação de pessoas e investimentos que precisam ser financeiramente validados como opção viável. O projeto de suprimentos parte de um escopo que providencia soluções, no qual premissas, volume e oportunidade de custos e caixa são equacionados adequadamente. Com um escopo definido, é necessário comunicar e priorizar ações dentro da área para determinar quanto é possível entregar como resultado consolidado à empresa. O alinhamento na previsão de volume, no esforço e investimento interno e na disponibilidade de recursos gera expectativa de incremento de lucro e fluxo de caixa, que podem ser computados nos indicadores de ROI e liquidez. Resultados extraordinários acontecem quando a empresa obtém resultados econômicos melhores que os concorrentes, definidos por vantagem competitiva.

Eliud Kipchoge, em Viena no outono de 2019, mostrou ao mundo a marca histórica de concluir 42 quilômetros em 1h59min40s, quebrando a barreira das 2 horas, um feito extraordinário até então inimaginável. A equipe do atleta planejou estrategicamente a viabilidade do plano sem garantias reais. Kipchoge dependia da condição meteorológica e de treinos específicos para a musculatura, além da adequação psicológica que considerava "*pacers*" para acompanhá-lo durante o percurso. A alimentação foi ajustada para uma prova mais intensa e o atleta contou com treinos táticos constantes para garantir que havia um plano estratégico com probabilidades altas de êxito. A associação do alto desempenho do esporte com o mundo corporativo deixa muito a desejar. Nas empresas, que normalmente são regidas por alta complexidade, as áreas buscam ajustar metas favoráveis e possíveis de serem alcançadas no planejamento estratégico para evitar frustrações, buscando alinhar metas *top-down* (de cima para baixo) com metas *bottom-up* (de baixo para cima).

A alta diretoria define metas *top-down* com base no desempenho passado da concorrência, nos projetos de lançamentos, nos investimentos em novos segmentos e na melhoria do desempenho operacional. Os investidores se utilizaram das promessas e resultados, bem como da reputação da empresa em cumprir as promessas, para decidir sobre quanto investir. A consistência tem mais valor do que picos de desempenho, sendo medida com relação às empresas do segmento específico e segmentos similares. Na meta *top-down*, são definidos crescimento, lucro e caixa, e os valores são desmembrados através de médias ponderadas que definem objetivos para as áreas. As áreas, em paralelo, materializam projetos e oportunidades que, quando somados, buscam equalizar as expectativas *top-down*, o que define a alocação de investimento e as lacunas a serem preenchidas. Apesar da teoria do caos e da imprevisibilidade de resultados, as empresas precisam levar a sério o planejamento estratégico, sendo a forma corporativa mais adequada para alinhar o direcionamento rumo ao alto desempenho. Metas alinhadas definem o *roadmap*, e metas desalinhadas definirão lacunas ou folgas que serão discutidas internamente para ajuste fino adequado na meta. A meta precisa estar alinhada, o que define uma única expectativa na corporação desmembrada para todas as áreas e indivíduos.

Em um planejamento estratégico alinhado, se tem claramente as entregas esperadas e a alocação relacionada à determinada entrega. A área de suprimentos, ao definir uma meta de redução de custos, associa a entrega à alocação de recursos financeiros (investimento) e humanos (FTEs), condições que precisam ser conectadas ao planejamento geral da empresa. O planejamento estratégico é definido no curto prazo, que pode ser trimestral ou anual, e no longo prazo, que visa consolidar estratégias em 3-5 anos. A atuação em reduções de custos define ações de produtividade, negociação com fornecedores, alteração de fontes de fornecimento e inovação, abordagem desenhadas na análise de gastos e relacionamento comercial. Contudo, a área de suprimentos também precisa assegurar o abastecimento, o que eventualmente aumenta os gastos. O plano estratégico considera todos os projetos em que a soma proporciona redução, mesmo que alguns projetos prioritários não tenham o privilégio da redução.

A BRF (Brasil Foods S.A) é uma empresa consolidada em 2009, na fusão da Sadia e Perdigão, tornando-se uma das maiores empresas de alimentos do mundo. A empresa possui operações ao redor do mundo, incluindo Brasil, Emirados Árabes Unidos, Holanda, Reino Unido, África do Sul e outros países. Seus produtos são aves, suínos, processados e industrializados, reconhecidos por inovação, qualidade e segurança alimentar. Em 2018, a empresa enfrentou sérias dificuldades financeiras devido ao inadequado hedge cambial, que impactou a lucratividade da empresa, gerando prejuízos de bilhões de dólares. O evento do hedge cambial forçou a empresa a reestruturar as operações e reduzir gastos, devido à necessidade de refinanciar dívidas. O hedge cambial foi uma operação de sucesso que possibilitou à empresa, após a fusão, atingir patamares impressionantes até o final de 2014. Contudo, com a desvalorização do real em relação ao dólar americano e a instabilidade cambial brasileira, as operações de hedge tornaram-se menos atraentes, mas ainda se mantiveram como pilar da operação por quatro anos, acumulando uma bolha de prejuízos que estourou em abril de 2018, em meio a uma crise política no país. Nesse ano, a empresa consolidou uma receita de R$30B e um lucro líquido de -R$4.4B (-14%).

O planejamento estratégico tem como objetivo resultados macro, porém é a consistência e competência operacional que consolidam as expectativas. A BRF, como exportadora, tinha o câmbio a seu favor, com custos em reais, o que representava uma oportunidade para renegociar e pagar dívidas. O foco na redução de gastos e a necessidade de venda de ativos relacionados a produtos com baixa rentabilidade também foram cruciais para a recuperação, assim como a remodelação do negócio, que redefiniu o portfólio de produtos, o relacionamento com clientes e as áreas-chave. O controle financeiro cirúrgico e a redução de gastos colocaram controladoria e operação no holofote, e a empresa demonstrou resiliência ano após ano até 2021, quando apresentou uma receita de R$ 48 bilhões e um lucro líquido de R$ 400 milhões (0,8%).

As metas precisam atingir o ROI e a liquidez, mostrando consistência operacional. Em empresas com alto endividamento, o EBITDA se torna irrelevante, pois não considera o pagamento indispensável de dívidas. No caso da BRF, em 2021, o ROI de 0,8% e a liquidez de 0,64 mostra a necessidade de adequação e revisão estratégica, principalmente porque em 2019 a empresa demonstrou 3,3% de ROI e 0.9 de liquidez. Empresas consistentes tomam decisões com base na adição de valor e são definidas por uma cultura inovadora e eficiente.

William de Ockham foi monge e filósofo inglês que influenciou o pensamento lógico, ele sugeriu o princípio da simplicidade, conhecido como "navalha de Ockham", onde sugere que, quando há várias hipóteses ou explicações para um mesmo fenômeno ou resultado, geralmente a explicação mais simples e direta é a correta. A associação da navalha de Ockham com os negócios define que estabelecer metas e atividades deve ser simples e direto, caso se queira comunicar com eficiência. Existe uma história comum entre estudantes de *lean manufacturing* que compara a Toyota assando batatas versus a Ford e GM. Para a Toyota, existem cinco passos para assar batatas: primeiro pré-aquece um forno a 350°C; segundo insere 1 kg de batatas Idaho; terceiro faz algo produtivo enquanto as batatas assam por 45 minutos; quarto verifica o ponto das batatas, e quinto, remove as batatas do forno. O contraste é quando descrevem como a Ford e a GM executam a mesma operação: primeiro fazem um "bidding" com fornecedores de batatas ao redor do mundo para 750 g de batatas; segundo, negociam o preço das batatas Idaho usando o benchmarking de mercado; o fornecedor das batatas Idaho não aceita baixos preços com base no benchmarking, então coloca o fornecedor na de eliminação, justificando péssimo relacionamento comercial; terceiro aumenta a quantidade para de 750 g para 1 kg e força o fornecedor a manter o preço acordado para 750 g; quarto solicita procedimentos de pré-aquecimento do forno, com instruções de como girar o botão, fabricante do forno e certificação de calibração, com medidores que confirmem que a temperatura de 350°C está correta, tudo isso com treinamento ao fornecedor sobre como inserir e ajustar o timer para 45 minutos; quinto solicita um estudo de *seis sigma* que mostre a qualidade das batatas em diferentes temperaturas, tempos e posições; sexto controla o cozimento das batatas a cada 3 min e registra dados; sétimo compreende que 45 minutos é muito tempo e solicita um teste com 30 minutos com relatório de resultados, oitavo avalia que o cliente perceber valor somente em 900 g, solicitando um estudo para redução de 1 kg para 850 g; nono retira a batata com 40 minutos de cozimento e avalia a qualidade e décimo registra reduções de custo no planejamento estratégico da empresa, mostrando resultados extraordinários de otimização.

A simplicidade é a chave para um bom planejamento estratégico. Quanto mais simples e diretas forem as metas, mais fácil será associar projetos e organizar equipes. Yves Morieux propôs abordagens interessantes que tornam as empresas mais eficientes através da simplicidade. Ele comprovou que a cooperação e colaboração entre equipes têm mais eficácia do que a definição de regras e controles, além de identificar e eliminar camadas redundantes, tornando a organização mais ágil e eficiente. Em consonância com a abordagem de Yves, a definição das metas *bottom-up* deve ser discutida entre as equipes, em vez de cada área enviar suposições e esperar que uma área redundante consolide todos os números, confirmando se há lacunas ou folgas. Quando as áreas colaboram, entendem a meta *top-down* e buscam o refinamento adequado para alcançar os resultados esperados. Recursos e atividades são distribuídos e definidos, criando um compromisso com o resultado. O S&OP (Planejamento de Vendas e Operações) é uma tentativa de colaboração entre as partes da cadeia, em que toda a empresa, desde vendas até suprimentos, contribui com premissas e compromissos que aperfeiçoam o resultado, possibilitando metas claras de volume, gastos, preços, investimento e recursos humanos.

Eliminar redundância e colaborar mais é chaves para a eficiência, e a área de suprimentos tem uma vantagem importante, pois está conectada a todas as outras áreas da empresa, uma vez que gerencia e intermedeia os gastos da corporação. Ao planejar estrategicamente os projetos da área de suprimentos, é preciso relacionar e fundamentar ações com o negócio da empresa, começando pelas oportunidades e ameaças identificadas. Em seguida, é necessário definir planos simples e diretos de como as condições identificadas serão solucionadas de forma eficiente e com adição de valor. Por fim, alinha-se a contribuição da área de suprimentos com as necessidades da empresa a curto, médio e longo prazo. A área de suprimentos, em um planejamento estratégico, deve ser capaz de demonstrar a configuração de fornecedores e os resultados correspondentes ao longo de um período, bem como os recursos necessários para executar os projetos propostos.

Um projeto é a simplificação da complexidade das ações de uma área de suprimentos ou de uma categoria. Os diversos projetos incluídos em um plano estratégico facilitam a comunicação e colaboração, assim como eliminam redundâncias. Um projeto é constituído por uma equipe, um investimento, uma meta e um plano estratégico de execução. Quanto mais simples for a consolidação de um projeto, maiores são as chances de êxito.

Um projeto na área de suprimentos, ao ser avaliado, deve ser classificado em cinco componentes essenciais que permitem comunicação efetiva, colaboração e eficiência. O primeiro componente é o "escopo", que sintetiza e conceitua o projeto. O segundo componente é o "prazo", que define o tempo de execução e a expectativa de conclusão. O terceiro componente é o "orçamento", que determina o time e os recursos financeiros necessários. O quarto componente são os "pontos de atenção", que classificam premissas que expõem resultados provisionados e devem ser monitorados. O quinto componente é o "resultado", que esclarece a expectativa financeira com base em premissas pré-estabelecidas.

Em suprimentos, as ações são classificadas em negociação, redefinição de abastecimento e inovação. A negociação foca em acordos comerciais com fornecedores, uma execução constante que beneficia a parceria, contratação de longo prazo e manutenção de volume. Negociar deve ser uma competência estratégica dos profissionais na área de suprimentos, que focam em acordos de preço e prazo que beneficiam o negócio mais do que o mercado, alavancando o ROI e a liquidez. A redefinição de abastecimento define a mudança de fornecedores por diversas razões que se associam às forças de Porter. A redefinição de um novo fornecedor para um item ou categoria deve fundamentar aspectos estratégicos que re-configuram a base de fornecimento por não dependência, risco de abastecimento ou alavancagem de redução de gastos não possíveis com a negociação. A inovação tem uma abordagem mais criativa, que re-configura a forma de operar de uma categoria de suprimentos.

A Nestlé é uma empresa suíça com mais de $110 bilhões de dólares de receita anual, que começou com a invenção do farmacêutico Henri Nestlé e sua fórmula que diminuiu a mortalidade infantil ao possibilitar que mães sem leite pudessem alimentar seus bebês com a "Farinha Láctea". A Nestlé possui uma vasta linha de produtos, sendo líder em muitas delas. A empresa define sete linhas de produtos na comunicação com o mercado investidor, como a linha de bebidas em pós e líquidas, com o Nescafé, a linha de água, com o PureLife, a linha de lácteos e sorvetes, com Ninho e Mega, a linha de nutrição e ciência da saúde, a linha de pratos prontos e auxílio culinário, a linha de confeitaria, com o Kit Kat, e a linha de cuidados de animais de estimação, com a Purina. O ROI da Nestlé é de 11% e a liquidez de 0.5, números impressionantes para a complexidade do setor de alimentos e bebidas.

A Nestlé propõe mudanças expressivas no modelo de negócio, que influenciam drasticamente o planejamento estratégico da empresa, que dedica orçamento e projetos para a redução de sódio, açúcar e gorduras saturadas. Essa mudança força a inovação, acelera a mudança do padrão de consumo e influencia toda a cadeia de fornecimento global da Nestlé. A decisão ousada da Nestlé traz vantagem competitiva relevante em relação aos concorrentes, o que cria crescimento orgânico quando consumidores decidem pela qualidade nutricional. No entanto, uma mudança no modelo de negócio exige consistência de execução, o que implica em projetos de redefinição de abastecimento e inovação. Um projeto que adiciona valor implica em quatro indicadores financeiros que possibilitam tomar decisão e serão tratados no capítulo 11. O valor presente líquido (VPL) é um indicador absoluto de resultado, a taxa de retorno (TIR) é qual o percentual resultante do projeto, o payback é o tempo necessário para recompor o investimento inicial e o valor econômico adicionado (VEA) é o valor adicionado à operação.

Os indicadores financeiros direcionam o resultado dos esforços para atender ao planejamento estratégico, e a área de suprimentos precisa validar cada projeto de forma cautelosa, possibilitando priorizar e acomodar a estratégia de fornecimentos. Na fase de planejamento estratégico de suprimentos, a configuração de fornecedores e a nova configuração precisam ser estimadas com base na nova configuração de produtos, planos de redução de gastos, visão de segurança de abastecimento e abordagem de não dependência.

Os projetos de suprimentos precisam alinhar-se ao planejamento estratégico da empresa, proporcionando o máximo de eficiência na execução. Isso leva a área a buscar projetos de ganhos rápidos e execução ágil, construindo uma reserva de projetos com média e longa duração, que possam ser executados com disponibilidade de recursos, e também empreender grandes projetos que redefinam a cadeia de abastecimento, através de inovação, soluções criativas e mudança do *status quo*.

A área de suprimento deve compreender o negócio e definir uma estratégia de execução que aborde as fraquezas do abastecimento, de forma a aperfeiçoá-las, proporcionando oportunidades e mitigando ameaças, contribuindo definitivamente para a construção de valor na organização. A tomada de decisão na estratégia de suprimentos deve ser fundamentada em conceitos financeiros e econômicos, que confirmem os resultados e direções propostas por cada categoria de suprimentos.

# [Parte 3] Tomada de Decisão

"Você é livre para fazer suas escolhas, mas é prisioneiro das consequências."

(Pablo Neruda)

---

Em 1985, foi fundada a AOL, um provedor de tecnologia de acesso à internet discada. Seu modelo de negócio garantia acesso à internet através de uma mensalidade, além de oferecer um portal de conteúdo exclusivo e serviços de e-mail e mensagens. A AOL foi pioneira e se tornou um potencial global, contando com mais de dois milhões de assinantes em apenas 10 anos. Em 2001, a empresa chegou a adquirir a Time Warner por $164 bilhões de dólares em um processo de fusão, mas essa decisão preferiu focar claramente em investimentos em mídia e negligenciar a tecnologia iminente de banda larga.

A internet discada utilizava infra-estrutura disponível, porém investimentos em fibra ótica e tecnologia avançada sem fio tornaram rapidamente a internet discada obsoleta. Empresas de telefonia investiram pesadamente na tecnologia de banda larga e empresas de tecnologia como Google, Yahoo e Facebook desconstruíram um ecossistema e modelo de negócio baseado em dependência. As decisões da AOL que culminaram em seu rápido declínio são consideradas por especialistas como um dos maiores fiascos corporativos de todos os tempos. A alocação de importante capital na Time Warner descaracterizou a abordagem rápida da AOL e focou a atenção em conflitos de culturas internas, sem um foco efetivo nas mudanças sistemáticas e revolucionárias na área da internet. Aparentemente, a AOL não tinha um plano estratégico que a mantivesse na vanguarda da internet, e as mudanças rápidas no acesso à internet, através de buscadores, redes sociais e e-mails gratuitos, destruíram o modelo de negócio da AOL, tornando a empresa obsoleta. Em 2009, a AOL e a Time Warner desfizeram a fusão e, em 2015, a Verizon, uma empresa de tecnologia de banda larga, adquiriu os ativos da AOL por $4.4 bilhões de dólares, ativos ainda funcionais como The Huffington Post, TechCrunch e AOL.com.

No xadrez, o objetivo é derrubar o rei, mas são as decisões do jogador que diferenciam amadores de profissionais. Bobby Fischer foi um prodígio do xadrez e em 1972, em uma partida com Boris Spassky, tomou decisões nunca vistas que impossibilitaram antecipar seus movimentos, encurralando Boris em um jogo controlado por movimentos e decisões que garantiram a vitória a Fischer. O xadrez é um jogo lógico, com regras específicas e um único objetivo, diferente dos negócios que atuam em ambientes complexos. Decisões precisam se embasar em consequências para o negócio e devem se ajustar a um modelo de negócio suportado por um propósito. Quando lideranças se aventuram em segmentos e mercados que exigem relevante alocação de capital, é importante ter um plano estratégico sólido que garanta aderência em cada etapa planejada. Qualquer decisão determina alocação de recursos financeiros, desde salários de profissionais até investimentos em ativos. Bons tomadores de decisões sabem lidar com *trade-offs*, situações onde o entendimento do que se pede e o que se ganha determina um denominador comum. Bobby Fischer, na partida com Boris Spassky, sacrificou a rainha, uma perda relevante em um jogo de xadrez, contudo sabia que o sacrifício abriria espaço para a execução do rei. A tomada de decisão não se baseia somente em um planejamento estratégico, mas nos movimentos dos adversários, de maneira a não confrontar produtos em ambientes de alta rivalidade, onde os preços precisam ser reduzidos a condições desfavoráveis para manter a participação. Decidir é o que diferencia empresas líderes de seguidoras, o que diferencia empresas sobreviventes de empresas falidas. No xadrez, é o xeque-mate que antecipa o final da partida, enquanto nos negócios é a criação de valor e resultados financeiros que destacam líderes de outras empresas do mesmo segmento em anos. A Coca-Cola desenvolve uma linha esportiva quando percebe uma oportunidade, a Nestlé muda o comportamento do consumidor quando percebe o apelo ao nutricional, a Google insere o Android no mercado de sistemas operacionais de *smartphones* e gera receita importante no Google Play. São diversos os casos onde empresas decidiram investir alto quando perceberam que podiam atuar em um segmento novo. Decisões devem criar oportunidades, para isso as forças devem ser bem estabelecidas em conjunto com um planejamento estratégico respaldado por premissas e potencial financeiro. Decisões envolvem riscos financeiros, contudo esses riscos não podem tomar proporções que coloquem o negócio em declínio ou impossibilitem a recuperação, como foi o caso da Kodak, Blockbuster, AOL e Atari. Quanto mais o segmento se torna atrativo, mais competidores desafiam o *status quo*, tornando o que era sustentável e promissor em algo insustentável e retrógrado.

A área de suprimentos tem o dever de justificar decisões que influenciam a configuração de fornecedores e o fluxo logístico. Uma redução de cem mil não pode custar um milhão do caixa da empresa. O abastecimento deve ser consistente, flexível e resiliente, de maneira a suportar picos de demanda e períodos de escassez. Os fornecedores não podem tornar a empresa refém, se beneficiando de margens de lucros desproporcionais, por conhecerem sua dependência tecnológica. Os gastos devem ser bem controlados e compreendidos, a ponto de construir estratégias que eliminem desperdícios e aumentem a produtividade. O jogo corporativo baseia-se no ROI e na liquidez, mas também na forma como os concorrentes navegam ao longo do tempo, oferecendo soluções que agregam valor ao mercado consumidor, além do que sua empresa consegue oferecer. A área de suprimentos precisa ser eficiente, compreender a proposta de valor da empresa e adequar a cadeia de fornecimento para atender a um propósito que gere resultados satisfatórios.

# [Capítulo 9] Modelagem de Custos

"O conhecimento de custos não é apenas uma ferramenta de contabilidade, mas uma habilidade essencial para a sobrevivência nos negócios."

(Shannon Stowell)

---

Em 1808, Napoleão Bonaparte promoveu um banquete de gala em que os convidados de honra utilizavam talheres de alumínio, enquanto os demais convidados utilizavam talheres de ouro e prata. Naquela época, o alumínio era obtido da bauxita por métodos arcaicos e de baixíssima eficiência. Cerca de cinquenta anos depois, Henri Deville desenvolveu um processo de produção em escala que tornou o preço do alumínio viável. No entanto, somente em 1886, com a "Eletrólise Hall-Héroult," o processo moderno de obtenção do alumínio foi estabelecido. A busca por eficiência e a evolução tecnológica transformaram o alumínio de um metal precioso e raro em um material abundante e competitivo, revolucionando indústrias como aeroespacial e automotiva.

A produtividade tem sido um fator determinante desde a revolução agrícola e industrial. Ela representa a capacidade humana de criar escala em uma mesma unidade de tempo. A Inglaterra revolucionou a indústria têxtil ao utilizar máquinas para produção em larga escala, tornando as roupas mais acessíveis a todos, deixando de ser um artigo de luxo. Henry Ford impactou a produtividade no setor automobilístico ao criar uma nova demanda por mobilidade. Steve Jobs e Bill Gates tornaram os computadores acessíveis ao público, possibilitando o armazenamento, rastreamento e correção de informações. Vinton Cerf e Robert Kahn criaram a internet ao desenvolverem protocolos de comunicação entre máquinas, o que permitiu uma eficaz transferência de conhecimento e comunicação. Essas mudanças revolucionaram a demanda e a forma como as empresas operam de maneira produtiva. Atualmente, a inteligência artificial generativa pode representar um novo marco para uma nova revolução produtiva.

Ao considerarmos a produtividade ao longo do tempo, podemos perceber uma função linear acompanhada por uma senoide, como demonstrado por Ray Dalio em seu livro "A Mudança da Ordem Mundial". Isso leva a ciclos econômicos que definem períodos importantes na história, onde novos poderes são estabelecidos, novas demandas são geradas e novos padrões de comportamento são definidos. Modelar os custos permite que as empresas mantenham-se alinhadas com a produtividade e compreendam a economia como ciclos de preços regidos por preferência temporal e tecnologia de alto valor agregado a baixo custo. Empresas que inovam em valor e produzem em escala com baixo custo encontram oportunidades em mercados pouco concorridos, os chamados "oceanos azuis". Videogames, câmeras digitais, internet, streaming e *smartphones* são tecnologias que criaram novos ecossistemas empresariais.

O mundo está vivenciando o início da revolução da inteligência artificial generativa, capaz de associar informações através de algoritmos pré-formatados pelo ser humano. Essa revolução pode trazer avanços significativos para a medicina, ciência e política, seguindo a teoria do economista russo Nikolai Kondratiev. As "Ondas de Kondratiev" ordenam ciclos estatísticos de expansão, estagnação e recessão, com a próxima expansão sendo seguida por uma melhoria. Essas ondas têm um período longo de cerca de 50-60 anos, com algum desvio padrão, e podem ser observada ao buscar uma racionalidade histórica desde a revolução industrial (1770), seguida pela revolução ferroviária (1830), revolução do aço (1880), revolução da indústria química (1920) e, atualmente, a revolução da informação (1970).

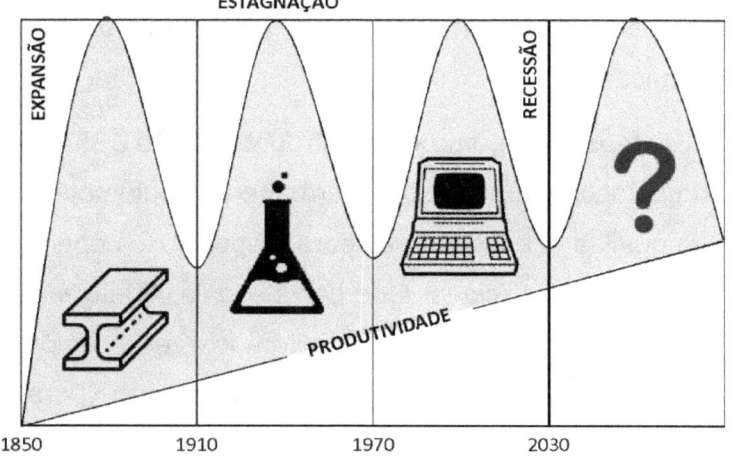

A cadeia de suprimentos não esteve em tanta evidência como atualmente; empresas como Apple e P&G estão à frente da concorrência, promovendo revoluções impressionantes na gestão de informação, colaboração e configurações que, quando estabelecidas, deixarão os concorrentes para trás. O objetivo nos suprimentos é ser produtivo e eficiente, internamente por meio de profissionais e tecnologia, e externamente através de fornecedores parceiros, ambos compreendendo a função linear da produtividade contínua. O tempo é uma variável que não pode ser alterada, mas o momento em que é possível produzir nessa unidade revoluciona o mundo. Saber modelar o custo não só permite entender a produtividade, mas também influencia revoluções históricas.

A Studebaker foi uma empresa fundada em 1852, com competência para construir carruagens e automóveis de alta qualidade e inovadores para a época. Sua operação era manual, tradicional e de baixa escala. A eficiência e o desperdício não eram monitorados, e a empresa beneficiou-se bastante com a exportação para o mercado europeu, principalmente após a Primeira Guerra Mundial. A Ford já competia com a Studebaker, oferecendo carros populares e econômicos, mas a demanda proveniente da Europa garantia altas receitas. A reconstrução da Europa após a Primeira Guerra criou picos de demanda inesperados, dada a limitação de mão de obra e a reconstrução da indústria automobilística europeia com empresas como Benz, Renault e Fiat.

A crise de 1929 foi marcada pela superprodução americana, recuperação da indústria européia e reversão de demanda, o que ocasionou estoques altíssimos e exposição das empresas à ineficiência industrial. A Studebaker foi vítima da Grande Depressão, sofrendo perdas financeiras irreparáveis. Mesmo mantendo a empresa em funcionamento até 1966, os danos e dívidas financeiras nunca puderam ser cumpridas dada a ineficiência, concorrência e custos não competitivos.

A ciência do desperdício não era conteúdo para aperfeiçoamento da produtividade das empresas automobilísticas americanas e européias. Foi Taicho Ohno, em 1950, que trouxe o conceito revolucionário de produção enxuta, que focava em soluções para desperdícios e melhoria contínua. Mr. Ohno identificou sete desperdícios que justificaram parte da Grande Depressão (1929). O primeiro desperdício é a "superprodução," quando as empresas produzem mais e antes da demanda. O segundo desperdício é a "espera," quando há ociosidade em um tempo que deveria ser produtivo. O terceiro desperdício é a "movimentação desnecessária," o tempo de deslocamento desnecessário em um processo. O quarto desperdício são as "operações desnecessárias," a complexidade burocrática ou processos extras indevidos. O quinto desperdício é o "estoque," o material acumulado ao longo do processo que não tem destino para venda. O sexto desperdício é o "transporte," o deslocamento entre empresas que poderia ser evitado. O sétimo desperdício são os "produtos defeituosos," a produção e custos que não geram valor, pois precisam ser retrabalhados ou rejeitados, gerando custo extra.

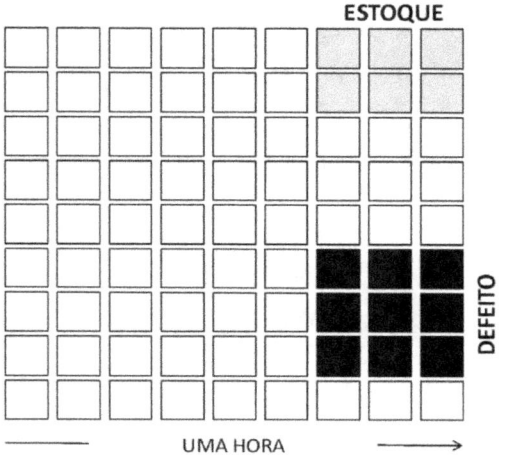

**ESTOQUE**

**DEFEITO**

UMA HORA

Entender o desperdício na modelagem de custos é mais importante do que compreender a produtividade; na verdade, ambos estão interligados, sendo possível definir apenas uma categoria de suprimentos como eficiente se a área de suprimentos souber modelar o custo. Caso contrário, a área somente flutua conforme o gráfico econômico de crescimento ao longo do tempo. A modelagem de custo determina o custo de um produto com base em matéria-prima, transformação, desperdício e margem de contribuição. Enquanto a matéria-prima segue dinâmicas de oferta e demanda, regidas por escassez e excesso, a transformação segue tecnologias produtivas. O desperdício está ligado às competências de determinado fornecedor e à capacidade de produzir de forma eficiente, enquanto a margem de contribuição está relacionada à rivalidade em determinado segmento.

Determinar o custo de um produto exige colocá-lo em uma unidade controlável. Quando se trata de produtividade, a "hora" é uma unidade poderosa. No exemplo acima, são dispostos 81 blocos, que representam produtos em uma unidade de "uma hora". A produtividade é a capacidade de colocar a maior quantidade de blocos possíveis em uma unidade de tempo, onde qualquer tecnologia que possibilita tal aumento é considerada mais produtiva. A eficiência, por sua vez, é a capacidade de eliminar as caixas "cinzas" e "pretas", tornando a produtividade eficiente.

A empresa Boeing produz aproximadamente 800 aeronaves por ano, representando uma média de três aeronaves por dia e 0.2 aeronaves por hora, gerando receita de $66B de dólares, com uma liquidez de 0.4 e prejuízo operacional, o que não define um ROI (Retorno sobre Investimento). A cada $1B de receita, a Boeing paga $950M de custos operacionais diretos e indiretos, significando que cada aeronave absorve um custo médio de $78M de dólares. A Boeing tem em seu portfólio produtos que vão desde o 737-800 por $80M de dólares até o 787 Dreamliner, que pode custar $400M de dólares. Incrementar a produtividade na Boeing não significa produzir mais aeronaves em menos tempo, mas ajustar os custos de materiais e fornecedores. A modelagem de custos das aeronaves determina lacunas e folgas de produtividade e eficiência, tanto interna como externamente com os fornecedores. Conhecer os custos possibilita o planejamento para o aperfeiçoamento, o que define abordagens técnicas e comerciais para melhores resultados e margens operacionais.

A modelagem de custos define o "*should cost*", que seria um custo perfeito, desprovido de desperdícios e margens de lucro abusivas. A determinação do "*should cost*" ocorre por meio de cinco etapas que possibilitam aprofundar oportunidades de produtividade e eficiência. A primeira etapa é a modelagem do custo da matéria-prima, onde se determina a massa líquida (kg), o tipo de material e os custos médios de mercado. A segunda etapa é a modelagem da transformação, onde se calcula a produtividade horária máxima e os custos horários dos processos de fabricação. A terceira etapa é a modelagem do desperdício, buscando compreender os sete desperdícios e determinar o custo de cada um deles no entendimento da cadeia de valor. A quarta etapa é a modelagem da margem de contribuição, que define a margem de lucro e os custos administrativos internos e nos fornecedores. A quinta etapa é a consolidação de todas as etapas de modelagem e a definição do "*should cost*", compreendendo a representação percentual do custo de cada etapa no custo final.

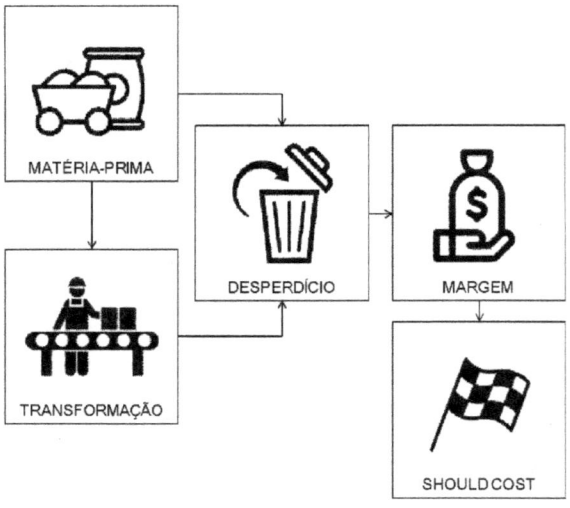

Empresas aeroespaciais contam atualmente com um exército de "estimadores de custo" que auxiliam através da modelagem a identificar oportunidades. A Airbus possui 12 mil fornecedores globalmente e utiliza a modelagem de custo para novos contratos de produção de aeronaves e para abordagem de fornecedores por preços mais competitivos. A modelagem de custos auxilia a empresa a tomar melhores decisões em diversos aspectos. Um deles é compreender os custos de produção, o que possibilita evitar perdas em contratos. No caso de aeronaves, o time de custos sabe qual é o custo de cada contrato e controla o custo do produto desde a aquisição dos componentes até a entrega ao cliente. Outro aspecto é possibilitar que o time de suprimentos antecipe abordagens comerciais com base técnica de custos, desafiando fornecedores por melhores preços e assegurando as melhores definições de fonte de fornecimento. A Airbus apresenta um ROI de 6.5% e uma liquidez de 0.7, um resultado sólido para o segmento.

Na modelagem dos custos de matéria-prima, é identificado o material definido pela engenharia e materiais similares, fundamentando que a escolha técnica esteja alinhada com custos competitivos. Também é avaliado o design do produto, o que possibilita entender opções de redução de massa (kg) sem impactar as especificações do componente. Questionar opções que aperfeiçoem custos deve estar enraizado na cultura da empresa, e os *stakeholders* devem estar interessados em serem desafiados por uma estrutura organizacional de custos, com o objetivo de tornar os custos das aeronaves mais produtivos. Por exemplo, um componente de 2 quilos de uma liga de alumínio de $8/kg pode ser substituído por outra liga de $6/kg, proporcionando 25% de redução ou -$2 dólares. Quando se considera $2 em uma aeronave de custo bilionário, pode parecer insignificante, contudo o processo de modelagem de custos trabalha em escala, e cada categoria de suprimentos organizará e priorizará análises de custos e decisões com base nas análises de gastos (*spend analysis*).

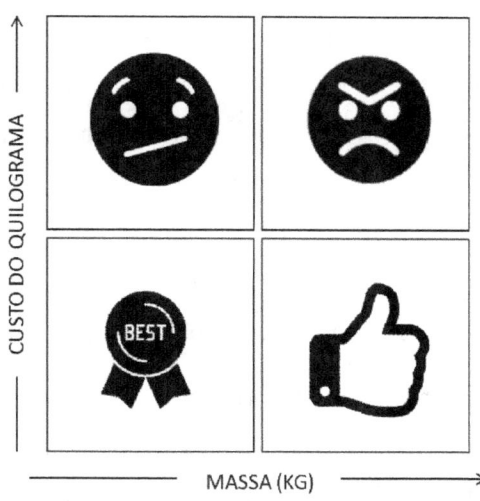

CUSTO DO QUILOGRAMA

MASSA (KG)

A Coca-Cola e a Anheuser-Busch InBev alocam investimentos recorrentes na oportunidade de produzir mais garrafas em menos período de tempo. A tecnologia de "envase" precisa ser produtiva, eficiente e alinhada com a demanda do mercado. Falhas no processo produtivo acarretam em prejuízos de milhões de dólares em linhas de operação 24/7 (24 horas por dia, 7 dias por semana). Na produção de refrigerantes, há três etapas: produção de xarope, diluição/carbonatação e envase. Já na produção de cerveja, há quatro etapas: brassagem, adega, filtragem e envase. Em ambas as produções, o "envase" é o gargalo e limita a produtividade. Por isso, investir para melhorar o envase determina ganhos diretos em redução de custos, além de criar capacidade adicional. A Coca-Cola gera uma receita anual de $43 bilhões de dólares, enquanto a InBev contabiliza $57 bilhões de dólares. Para alcançar esse patamar de receita, é necessário produzir +10 milhões de litros por hora em todas as linhas espalhadas ao redor do mundo.

A modelagem da transformação compreende definir uma unidade de tempo, sendo "uma hora" a unidade mais adequada. Em seguida, define-se o custo de uma hora para cada etapa disposta no processo, com atenção especial à etapa gargalo. Determinar a etapa gargalo possibilita estudar produtividade e eficiência, o que define competitividade. Estudar o gargalo permite obter percepções importantes sobre como o processo se estabelece. Para isso, é preciso chegar ao ciclo de produção, que é a menor unidade produtiva do gargalo. Um processo gargalo pode ter um ciclo de 3 segundos, o que possibilita determinar que em uma hora seja possível produzir 1.200 produtos sem perdas. A relação entre ciclo e quantidade horária auxilia na identificação de discrepâncias e valida futuramente as perdas. A modelagem da transformação também exige identificar o custo horário das etapas dispostas no processo, compreendendo custos de mão de obra direta, amortização de investimentos, custos de energia, custos de manutenção e custo de mão de obra indireta. Por exemplo, ao determinar que o custo horário de um processo produtivo é $120 e esse processo produz 1.200 produtos por hora, é possível calcular que o custo de uma unidade sem perdas é $0.1.

A modelagem do custo horário visa concentrar o custo de toda a operação em uma unidade de hora, para isso, estimativas de custos com base na média de mercado são necessárias quando não há abertura de custos. Por exemplo, uma operação conta com 100 operadores, um investimento em infra-estrutura de $10 milhões de dólares, alocação de manutenção de 5% por hora amortizada, custo horário de energia de $10, e alocação de mão de obra indireta de 40% sobre a mão de obra direta. O salário bruto de um operador e a quantidade de horas trabalhadas varia por região e competência. Em um salário de $2.000 mensais, devem ser incluídos encargos e benefícios, que variam conforme a legislação e política de retenção da empresa. Por exemplo, um operador de $2.000 pode ter um acréscimo de encargos e benefícios de 60% e trabalhar 160 horas por mês. Essa configuração acumula um custo horário para mão de obra direta de $20 por hora para a operação. Ao mencionar o acréscimo de 40% para compensar a mão de obra indireta, temos um adicional de $8 por hora. A amortização do investimento depende do tempo em que a máquina opera, em quantos turnos e quantas horas por turno. Considerando um regime de

24/7 durante cinco anos de operação, é possível transformar os $10 milhões de investimento em $228 por hora. Como a manutenção incide em 5%, o custo da amortização é de $11,4 por hora. A energia é uma adição direta de $10 por hora, conforme mencionado anteriormente. O custo horário total da operação modelada acima acumula $277,4 por hora, sendo que a maior parcela é para pagar a amortização da infra-estrutura.

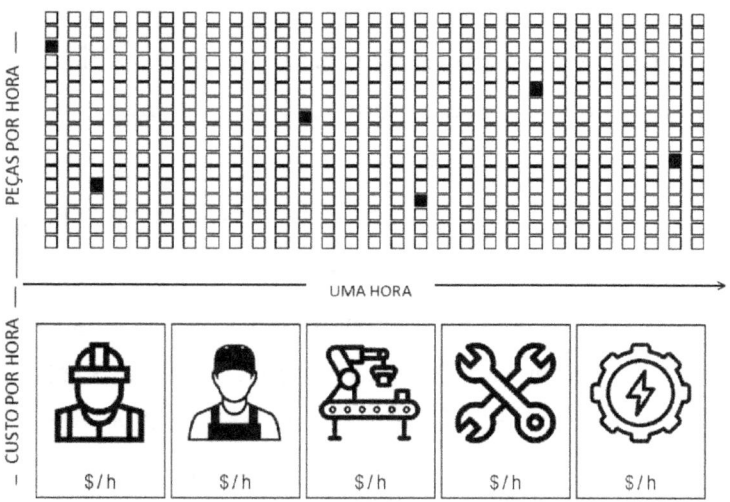

Uma operação com custo horário de $277,4 e que produz 493 peças por hora gera um produto com custo unitário de transformação igual a $0,56. No entanto, esse custo, assim como o custo da matéria-prima, precisa incluir os desperdícios, que são a base da improdutividade e precisam ser muito bem entendidos. Na parcela da matéria-prima, o desperdício é entendido como refugo, que compreende perdas para operar o processo (SCRAP) e perdas por má qualidade (PPM - partes por milhão). Na parcela da transformação, o desperdício é entendido como improdutividade, que compreende os sete desperdícios de Taiichi Ohno e o indicador de eficiência geral do equipamento (OEE - *Overall Equipment Effectiveness*).

A Mars é uma empresa familiar que fatura $45 bilhões de dólares por ano, divididos em três linhas de produtos: cuidados para animais de estimação, com marcas como Pedigree e Whiskas; "beliscos", como M&Ms e Snickers; e comida e nutrição, como a Ben's Original. A empresa é reconhecida por sua alta eficiência produtiva e distribuição de produtos. A Mars tem um modelo de negócio que verticaliza o processo de produção de chocolates, desde o cultivo do cacau até a produção do chocolate em equipamentos tecnológicos que permitem minimizar o desperdício a quase zero. A eficiência começa na concepção dos produtos, com formulações e formatos de produtos adaptados para a cadeia produtiva verticalizada, até o formato de economia circular, que reaproveita desperdícios.

Maglev é um conceito de trem que utiliza levitação magnética para operar. A força magnética gerada entre os trilhos e o trem cria um campo magnético que faz o trem levitar. O Maglev é pelo menos 30% mais eficiente que os trens tradicionais de alta velocidade, por três motivos principais: o campo magnético cria ausência de atrito com os trilhos; além disso, a alta velocidade, que chega a 500 km/h, possibilita aerodinâmica que minimiza o atrito com o ar; e, para complementar, o Maglev utiliza energia gerada durante a frenagem para retroalimentar o sistema energético. Há desperdícios intrínsecos ao processo, que só poderão ser reduzidos com mudança de tecnologia e pensamento "fora da caixa". Ao observar o processo de um fornecedor, a área de suprimentos precisa investigar os desperdícios e eliminá-los no nível do Maglev, onde um novo patamar de eficiência só é possível com investimentos em nova tecnologia. O OEE e o Six Sigma irão nortear a validação e a decisão estratégica de como os investimentos serão aplicados à transformação de produtos e qual é o benefício econômico e a adição de valor para o negócio.

O OEE é um indicador percentual que mede a eficiência de um processo produtivo. A idéia de que um processo é capaz de produzir 493 peças por hora se reduz quando o OEE é compreendido em uma escala de tempo maior. O OEE leva em consideração três componentes que são multiplicados entre si: a primeira componente é a "disponibilidade", que se refere ao tempo em que o equipamento está disponível e pronto para operar; a segunda componente é o "desempenho", que mede a eficiência do equipamento em relação à velocidade de produção ideal; a terceira componente é a "qualidade", que relaciona os produtos produzidos bons em relação ao total de produtos produzidos. O OEE torna-se um indicador conveniente para identificar oportunidades de melhoria. OEE acima de 90% é considerado alta eficiência, e quando mais próximo de 99%, a excelência em determinada tecnologia produtiva é alcançada. A atuação sobre oportunidades de melhoria pode se utilizar do *seis sigma* como metodologia que aborda sistematicamente o problema, identificando e eliminando fontes de variação e desperdício. A combinação de OEE e *seis sigma* é uma proposta abrangente para aperfeiçoar custos e focar na produtividade e eficiência continuada. Quanto mais consistente a área de suprimentos consegue abordar fornecedores com oportunidades de melhoria, mais competitiva se torna a empresa.

A Apple Store e a Google Play definem uma margem de contribuição para aplicativos vendidos na loja de 30% sobre a venda. Não existem outras opções móveis para o consumidor e empresas desenvolvedoras de aplicativos. Se o consumidor possui um iPhone ou um modelo com sistema operacional Android, ele inevitavelmente irá deparar-se com uma destas lojas virtuais. Em agosto de 2020, a empresa Epic Games, conhecida pelo Fortnite, desenvolveu um algoritmo que possibilita aos jogadores adquirirem "*skins*" e passes de batalhas diretamente na plataforma da Epic, o que foi considerado uma violação da política da Apple Store. A Apple baniu a Epic Games da plataforma e desencadeou um processo legal sobre a política de comissão abusiva de 30%. A Epic argumentou que a política era injusta, pois forçava a utilização de uma única plataforma, o que encarecia o produto e prejudicava a experiência do usuário. A Apple contra-argumentou juridicamente, alegando que houve quebra de contrato e violação das diretrizes de uso da Apple Store, inclusive alegando que a Epic Games poderia comercializar seus aplicativos em outras diversas plataformas além da Apple Store. O processo jurídico foi levado à última instância, e a decisão foi que houve práticas anti-competitivas da Apple, e a empresa não podia impedir a Epic Games de comercializar jogos na Apple Store. Contudo, a cobrança de 30% de comissão não violava leis de antitruste.

A margem de contribuição de um fornecedor é um segredo guardado a sete chaves, e em uma negociação comercial com custos abertos, ajustes técnicos são elaborados para que a margem seja adequada à visão do cliente. O fato é que os clientes não querem pagar margens maiores aos seus fornecedores do que às próprias, e emocionalmente é conveniente não discutir margens. O problema é que quando há modelagem de custos e identifica-se todos os desperdícios na operação, a diferença entre custo e preço é a evidência da margem de contribuição do fornecedor, e esta abordagem precisa ser executada. Entretanto, é preciso reconhecer as margens de contribuição de segmentos e buscar soluções comerciais inteligentes que permitam ao fornecedor baixar margens por outras vantagens relacionadas. Um processo jurídico nem sempre é uma solução comercialmente coerente e normalmente não leva a um resultado unilateral favorável, como o caso da Apple e da Epic.

A área de suprimentos precisa ser perspicaz nas negociações com fornecedores, principalmente quando há evidência de alta margem de contribuição. A confirmação de margens desproporcionais abre espaço para negociação, contudo precisam estar alinhadas com a estratégia da categoria. Na modelagem de custos, é preciso ter clareza sobre quais margens são consideradas justas em determinadas categorias e segmentos de atuação. A margem de contribuição de um fornecedor seguirá a vantagem competitiva que é oferecida, definida por importantes vantagens que agregam valores genuínos ao negócio e vantagens desenvolvidas por um relacionamento baseado em dependência. Na modelagem de custo, a definição da margem de contribuição é consolidada ao SG&A (Vendas Gerais e Administração) e é representada por um percentual; quanto maior o percentual da margem, mais se espera uma entrega de valor proporcional. Em situações onde as margens dos fornecedores superam 20%, é importante avaliar opções externas e estrategicamente definir como o relacionamento comercial pode ser estabelecido. Em margens entre 5% e 20%, negociações e contratos devem ser abordados, buscando opções de preços mais competitivos. Em margens abaixo de 5%, é importante compreender a saúde financeira dos fornecedores e contratar acordos com fornecedores que entreguem valor ao negócio.

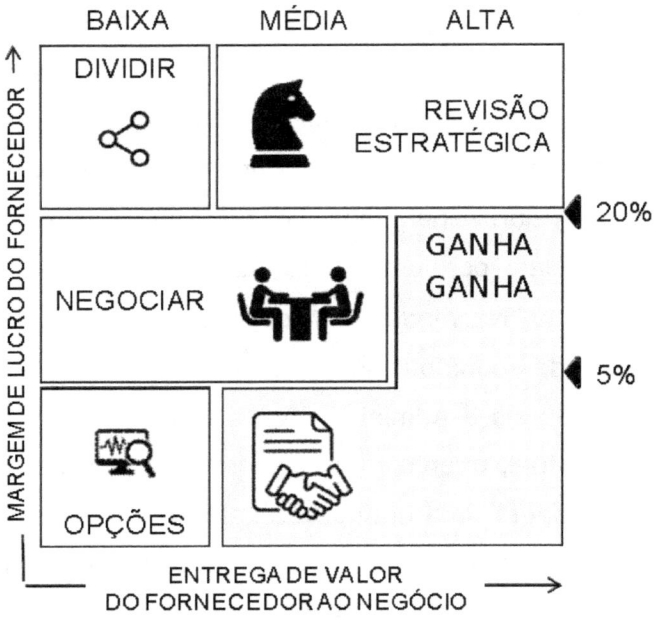

|  | BAIXA | MÉDIA | ALTA |
|---|---|---|---|

A Mondelez é um conglomerado de alimentos e bebidas industrializadas, com marcas conceituadas como Milka, Oreo, Trident, Philadelphia Cream Cheese e Jacobs. A empresa terceiriza a produção de produtos finais em OEM (Fabricante original de equipamentos) ou CMO (Organização de fabricação por contratos), são fornecedores que possibilitam incrementar a capacidade, contudo impactam a lucratividade percentual. A estratégia de terceirizar a produção possibilita incrementar o faturamento e absorver a demanda de forma eficiente. A área de suprimentos deve entender custos, desperdício, margem de contribuição e parcerias ao ponto de viabilizar e decidir a melhor estratégia de suprimentos para o modelo de negócios disposto.

Um produto "XYZ" com peso líquido de 2 quilos, composto de uma liga de alumínio de $6 por quilo, perde 4% de material durante a preparação da produção. O processo é preparado para produzir 493 peças por hora em um custo horário de $227 por hora; contudo, o OEE da fabricação do produto é de 70% e a taxa de perda por má qualidade é de 80 PPM. O fornecedor oferta um preço EXW (ex-works) de $16.8 por unidade, garantindo uma margem de contribuição de 22%. A narrativa da modelagem do produto "XYZ" define o passo a passo de como construir um "should cost", estruturando dados que possibilitam validação, tomada de decisão e direcionamento à estratégia de suprimentos.

# [Capítulo 10] Custo de propriedade

"No mundo dos negócios, a capacidade de gerenciar e otimizar os custos é uma habilidade crítica. É o que mantém as empresas competitivas."

(Mary Barra)

---

A Sears apresentou uma jornada fascinante na criação de demanda, desde a sua fundação em 1886. Os fundadores começaram com a venda por correspondência, facilitando a vida de milhares de americanos que tinham a conveniência de receber uma variedade de produtos em casa. Da venda por catálogos, a Sears construiu lojas físicas, o que possibilitou demanda extra e reconhecimento da marca. Desde 1990, a Sears começou a sentir dificuldade em manter-se bem posicionada, pois a internet mudou o padrão de comportamento do consumidor e criou novas demandas de vendas. A Sears competia com poderosas marcas como Walmart, Target e Amazon, empresas que investiram pesadamente em tecnologias on-line e logísticas avançadas para atender às expectativas do cliente em demandas digitais. Em 2018, a Sears atingiu um ponto crítico, com sérios problemas de fluxo de caixa, e pediu falência.

O conceito de propriedade é datado de 1690, citado por John Locke e atribuído ao direito natural inerente do indivíduo que permite liberdade pessoal e acesso a bens e patrimônio adquiridos pelo fruto do trabalho. A reflexão sobre propriedade molda o pensamento contemporâneo e determina direitos e responsabilidades legais sobre um bem adquirido. Quando se adquire um produto de um fornecedor, há a aquisição e a posse de um ativo, que torna responsabilidade do comprador todos os custos envolvidos além do preço de aquisição. Logo, manutenção, seguro, impostos e depreciações são associados, assim como quando uma pessoa adquire uma propriedade, consequentemente, todos os custos para mantê-la habitável recaem sobre a responsabilidade desta pessoa. A Sears, ao adquirir um produto de fornecedores, assume a responsabilidade pelo produto, o que se torna uma obrigação de pagamento. Como proprietária do bem, a Sears pode vendê-lo pelo preço que entender desde que haja um comprador disposto a pagar.

A área de suprimentos, quando negocia um preço, precisa compreender que a aquisição corresponde a um custo maior do que está sendo pago ao fornecedor. Compreender o custo total do produto possibilita comparar ofertas e tomar a melhor decisão para o negócio. Em transações comerciais de compra e venda, são definidas as transferências de propriedade, o que implica em obrigações do comprador que incrementam o custo do produto além do preço acordado. Acordos definem questões legais relativas à especificação do produto comprado e antecipam três adicionais de custos. O primeiro adicional é o preço a prazo, onde se define prazos de pagamento, multas por atraso, taxa de juros e conversões de câmbio. O segundo adicional são os custos logísticos, onde se definem questões como a transferência de responsabilidade (*incoterm*), custos de transporte, custos administrativos, custos com impostos, taxas e registros, além do tempo de transporte. O terceiro adicional é o custo de capital alocado, que define estoques e custo do capital. Acordos não detalham todos os custos envolvidos, cabendo à área de suprimentos atribuir valores e tomar decisões assertivas. Para o negócio, uma aquisição precisa reconhecer o custo total do bem adquirido e o fluxo de caixa associado a este bem.

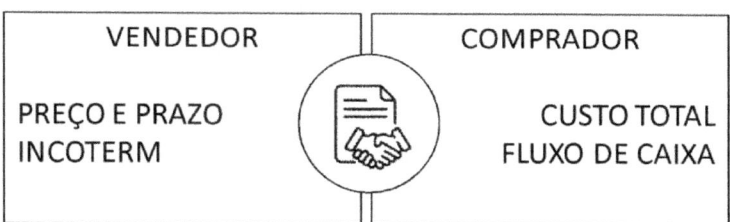

| VENDEDOR | COMPRADOR |
|---|---|
| PREÇO E PRAZO<br>INCOTERM | CUSTO TOTAL<br>FLUXO DE CAIXA |

A área de suprimentos da Sears, ao decidir comprar um refrigerador de um produtor, negocia preço, prazo e *incoterm*. No entanto, ela calcula e compara as condições negociadas entre os fornecedores de refrigeradores, chegando a um custo total que servirá de base para os preços de venda e para a negociação comercial em busca de melhores preços e condições com os fornecedores. Quando três fornecedores da Sears oferecem o preço de venda de $150 por um refrigerador, é preciso calcular o Custo Total de Propriedade (TCO).

O TCO (*Total Cost of Ownership*) significa literalmente "Custo Total de Propriedade" e é um conceito que avalia e calcula todos os custos associados à aquisição, operação e manutenção de um ativo ao longo de seu ciclo de vida. O TCO é utilizado em contextos empresariais e para tomada de decisões. No escopo de suprimentos, o TCO avalia o custo de um produto até a sua finalidade. Por exemplo, em um negócio produtivo, avalia-se o custo desde a fabricação até o produto final, e em um negócio de revenda, o custo é avaliado até a disponibilidade do produto para venda.

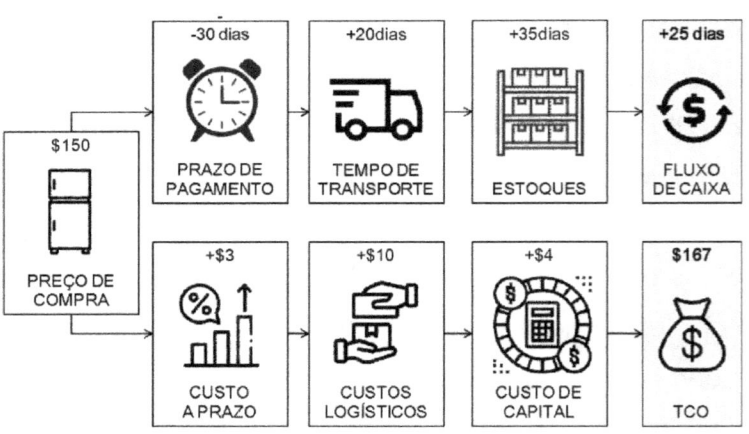

O conceito de TCO pode ser aplicado de diversas formas e em diversos contextos corporativos. Na aquisição de produtos para fabricação e revenda, o fluxo acima possibilita uma decisão assertiva e a identificação de discrepâncias de custos. O foco é equilibrar o TCO com o fluxo de caixa, construindo uma operação adequada ao modelo de negócio da empresa. O cálculo do TCO parte da definição do *incoterm*, que é onde ocorre a transferência de propriedade. É possível buscar o bem no fornecedor (EXW) ou solicitar que o fornecedor faça a entrega no local com todos os direitos pagos (DDP), entre outras diversas opções de *incoterms*.

A preocupação da área de suprimentos é disponibilizar o produto para a finalidade do negócio o mais rápido possível e com o menor custo possível. A eficiência de um TCO baixo e um fluxo de caixa alto influenciam diretamente o retorno sobre o investimento (ROI) e a liquidez da empresa. A definição do *incoterm* influencia a estratégia de suprimentos, pois determina quando a responsabilidade sobre os bens comprados começa a contar.

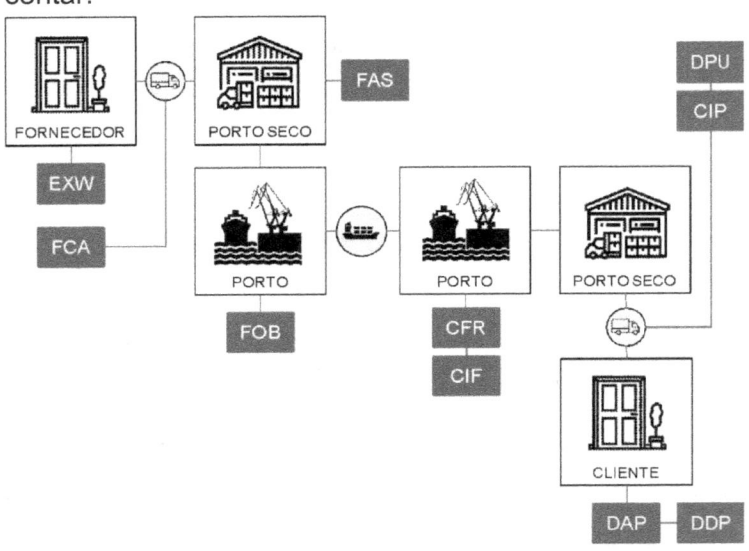

Os desafios enfrentados pela Sears envolviam renegociar prazos de recebimento e pagamento, uma vez que os prazos com fornecedores eram baixos, enquanto os prazos fornecidos aos clientes eram altos. Essa configuração criava uma lacuna no fluxo de caixa da empresa. A Sears lutou para equilibrar os prazos de recebimento e pagamento de suas obrigações, levando a problemas de liquidez e dificuldades financeiras quando a concorrência oferecia opções melhores para os clientes.

A área de suprimentos deve buscar incrementar o fluxo de caixa por meio de ações logísticas ou negociação de prazos de pagamento. Sua atribuição básica é decidir por fornecedores com base na condição de prazo alinhada com o modelo de negócio estabelecido. Quanto maior a necessidade de prazo para manutenção de *market share* ou para atender aos interesses dos clientes, mais forte é a atuação da área de suprimentos em redesenhar a cadeia de fornecimento para se adaptar ao contexto imposto pelo segmento de atuação. Existem diversas formas de incrementar o fluxo de caixa por meio do aumento de prazo, contudo as mais relevantes são aquelas que permitem a alteração do balanço financeiro. Contabilmente, o fluxo monetário deve ser registrado como ativo e passivo: quando uma compra é efetuada, o material entra como ativo, contudo a obrigação de pagar entra como passivo. Quando, contabilmente, a quantia relacionada a um material em determinado período é maior que a quantia de material pago no mesmo período, ocorre a geração de caixa. Modelos financeiros conhecidos de incremento de caixa são "forfaiting", "trading" e "factoring". Essas modalidades se beneficiam de taxas de juros mais baixas, pois oferecem menos riscos aos bancos, e podem ser transferidas ao fornecedor, que tem o benefício de antecipar capital com taxas de juros definidas, sem influenciar o fluxo de caixa do cliente. O "forfaiting" é uma operação financeira em uma modalidade de financiamento de comércio internacional. O "trading" é a intermediação da compra através de uma empresa especializada em transações internacionais. O "factoring" é uma operação financeira de antecipação de recebíveis e gestão de crédito representada por faturas de vendas já efetuadas. Qualquer operação precisa ser organizada com fornecedores, sendo a área de suprimentos a executora e negociadora.

A Vereenigde Oostindische Compagnie (VOC) foi a primeira multinacional e grande precursora do capitalismo. A empresa holandesa, fundada em 1602, competiu com impérios estabelecidos como Portugal, Espanha e Inglaterra. Através da logística eficiente, investimento privado e mercado aberto, a VOC influenciou o pensamento moderno de gestão empresarial, onde a compra e venda de ações, a divisão de lucros com acionistas e a gestão eficiente de recursos transformaram o mundo. A VOC dispunha de uma estrutura de governança, com foco em distribuir autoridade e tomar decisões alinhadas com o negócio. O modelo de negócio da VOC era baseado na divisão de riscos e lucros com acionistas, garantindo um retorno contínuo. Os fornecedores da VOC eram comerciantes indianos, que forneciam mercadorias para a Holanda e Europa através da VOC. Produtos como especiarias indianas, chá, porcelana, seda e metais preciosos eram comprados na Índia e transportados até o porto de Amsterdã. A logística era mais eficiente que a dos impérios europeus, o que possibilitou à VOC dominar o mercado de mercadorias no século XVII e tornar, juntamente com outras empresas, a Holanda o maior poder econômico daquele século.

Os custos logísticos podem inviabilizar um fornecedor reconhecido como competitivo pela modelagem de custos, pois fretes, manuseio, embalagens e eventuais impostos podem encarecer além do benefício produtivo. A distância percorrida é diretamente proporcional ao custo logístico e decisões aparentemente coerentes são desconstruídas quando o custo logístico é incluso. A VOC, ao trazer mercadorias da Índia, tinha acesso a produtos similares aos de outros impérios estabelecidos, mas a operação logística eficiente garantia maior volume de compra, o que possibilitava negociar preços melhores, resultando em maiores margens e maior participação no mercado europeu. A logística é chave para um negócio de sucesso, pois quanto mais eficiente, menores são os custos e maior é a capacidade de absorver demanda.

A carga logística segue um fluxo objetivo de carga, transporte e descarga. Modais de transporte como caminhão, trem, navio e avião precisam ser definidos com base no modelo de negócio da empresa, assim como definir rotas e negociar fretes. O transporte de uma mercadoria é considerado estoque em trânsito, que não pode ser comercializado, e esse estoque impactam o fluxo de caixa da empresa quando o tempo de transporte é longo, logo, custo e caixa são avaliados na parcela logística.

O tempo de transporte é chave para uma logística eficiente, pois minimiza estoque em trânsito e garante custos competitivos. Tempos de transporte altos podem impactar a saúde financeira da empresa, exigindo capital para operar. Quando o custo da mercadoria é expressivo, é importante rever a estratégia e buscar soluções mais rápidas e econômicas. No entanto, o transporte rápido de carga de alto custo pode ser operado "*Just-in-time*", e carga de baixo custo requer estoques intermediários e lotes menores adaptados ao produto e ao negócio. A logística sofre variações operacionais quando executadas, o que significa que o planejamento deve ser monitorado e desvios de data e hora de entrega devem ser revisados. As premissas de volume da carga, valor do frete, preço do seguro, tempo de carga-descarga são reajustados constantemente em função da demanda, o que se relaciona com a segurança de abastecimento. O fluxo logístico precisa ser sistemático e interagir com o modelo de negócio, onde custo e caixa definem resultados financeiros da operação. Modelos logísticos ágeis aperfeiçoam o tempo de transporte, constroem lotes econômicos e influenciam positivamente o fluxo de caixa. Modelos como "*milk-run*", "*VMI*" e "*drop & hook*" são opções consolidadas e disponíveis no mercado logístico. A modalidade "*milk-run*" envolve a otimização da coleta e entrega programada de mercadorias em vários fornecedores para um único destino. A modalidade "*VMI* (Estoque Gerenciado pelo Fornecedor)" é uma logística colaborativa em que o fornecedor é responsável pelo gerenciamento do estoque nas instalações do cliente. A modalidade "*drop & hook*" é uma prática de transporte que agiliza e simplifica o processo de carga e descarga, reduzindo o tempo de parada dos veículos. A definição estratégica da operação logística precisa ser organizada com fornecedores, sendo a área de suprimentos a executora e negociadora.

A Mango e a Zara são empresas de moda espanholas com modelos de negócios distintos. Enquanto a primeira busca desenvolver moda para mulheres e negociar preços baixos em grandes volumes, sendo reconhecida por promoções agressivas ao final de cada temporada, a segunda cria moda e disponibiliza produtos em pequenos lotes através de uma logística rápida, sendo reconhecida por sua variedade de produtos e raramente fazendo promoções de temporada.

A Mango se beneficia ao planejar sua demanda e logística, acondicionando a carga da forma mais econômica possível e negociando preços competitivos com fornecedores e transportadores. Em contrapartida, precisa acumular estoques desproporcionais no início da temporada, que quando não são vendidos, exigem promoções agressivas para a geração de caixa para a nova temporada. A Zara consegue entregar variedade e manter preços estáveis independentemente da temporada, mas precisa ser ágil e trabalhar com lotes econômicos que exigem transportes especiais, como avião e vans. Essa velocidade encarece a logística, mas é adequada ao modelo de negócio.

A alocação de capital é um componente importante na gestão do fluxo de caixa, pois pode levar à falência de uma empresa. Quando um modelo de negócio exige aporte de capital antecipado para suportar uma temporada de moda, é importante que custos e coordenação na geração de caixa sejam bem orquestrados. O modelo de negócio da Mango é arriscado do ponto de vista de suprimentos, contudo o engajamento do público com produtos modernos e a capacidade de gerar caixa rapidamente com promoções agressivas mostra-se um modelo econômico sustentável. A Mango foi fundada em 1984 e conta com mais de 2.000 lojas em mais de 100 países ao redor do mundo, mostrando-se como um modelo de negócio sólido, suportado por alocação de capital consistente e cadeia de fornecimento eficiente e competitiva.

A alocação de capital é necessária quando é gerada lacuna de caixa, como em compras à vista com recebimento a prazo, quando são necessários transportes com longo tempo de transporte e quando estoques são acumulados, criando uma lacuna financeira que precisa ser compensada com recursos próprios ou de terceiros. O aporte de capital não é um problema financeiro quando há retorno adequado do capital investido. Empresas definem o WACC como o custo médio de capital, um indicador financeiro que monitora se o retorno sobre o capital investido é adequado. A Mango e os donos Isak e Nahman Andic, quando investem em uma nova coleção de temporada, esperam um retorno adequado, incluindo a venda de queima de estoque. Quando isso não acontece, é necessário recorrer a empréstimos, o que cria juros financeiros que consomem resultados no longo prazo se não forem controlados.

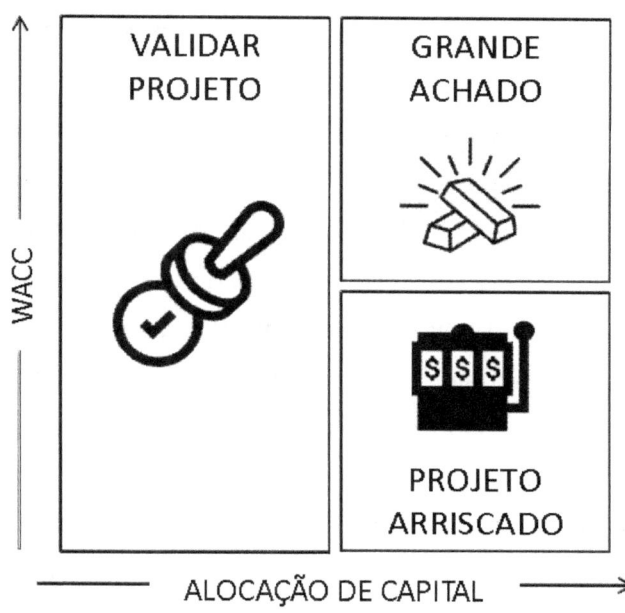

Investir e alocar capital são fundamento do capitalismo moderno, a estratégia é fazer isso de forma eficiente e alinhada com o modelo de negócio. Por exemplo, empresas de tecnologia alocam capital em recursos humanos que criam produtos inovadores, empresas automobilistas alocam capital no desenvolvimento de novos produtos e empresas farmacêuticas alocam capital em pesquisa e aprovação de novas fórmulas, a Sears alocou capital em estoque com intuito de disponibilizar rapidamente artigos para seus clientes, contudo com mudança de padrão de consumo e demanda a alocação de capital em estoque tornou-se uma lacuna de caixa que colocou a empresa em alerta vermelho. Alocar capital é estratégico, deve alinhar se com o modelo de negócio e com o planejamento estratégico da empresa. A gestão de alocação de capital considera modalidades de execução relevante para tomada de decisão como *"risky parity"*, "MPT" e "TAA". O *"risky parity* (paridade de risco)" é modalidade de alocação de capital que equilibra o risco total de um portfólio de produtos considerando classes de segmentos, clientes e regiões. O *"MPT* (Teoria Moderna de Portfólio) é modalidade de alocação de capital que combina produtos de um portfólio e otimiza a configuração maximizando o retorno e o menor risco. O *"TAA* (Alocação Tática de Ativos) é modalidade de alocação de capital que ajusta o portfólio de produtos em uma composição com base nas condições do mercado e perspectivas econômicas do segmento. A definição estratégica de como capital será alocado avalia diversos projetos e a área de área de suprimentos alimenta a direção da empresa com propostas que exigem alocação de capital com a possibilidade de resultados acima do WACC, estes projetos devem concorrer com demais projetos da empresa e decisão devem ser tomadas com base na agregação de valor ao modelo de negócio.

A decisão de um projeto de suprimentos compara a configuração atual e configuração proposta, providenciando agregação de valor. No capítulo 11 as decisões e priorização serão discutidas de forma que dentre diversos projetos a área consiga identificar os projetos que trazem valor adicional ao negócio e quais precisam ser executados com urgência. Projetos precisam ser organizados de maneira consistente que permita visualizar oportunidade e decidir rapidamente como alocação de recursos e pessoas tomaram forma, a consolidação da execução bem sucedida de vários projetos influencia ROI e liquidez e garantem avanços importantes da empresa ruma a excelência operacional da cadeia de fornecimento.

# [Capítulo 11] Projeção de Resultados

"Projetar resultados não é apenas sobre prever o futuro, mas também sobre criar o futuro que desejamos alcançar."

(Sheryl Sandberg)

---

Jeffrey, com seus vinte e poucos anos, foi promovido à vice-presidente da D.E. Shaw & Co, tornando-se o executivo mais jovem da empresa. Sua habilidade em compreender números financeiros para o novo mercado em ascensão da internet possibilitou que empresas de investimento alocassem o capital nas melhores oportunidades de sucesso. No entanto, Jeffrey Bezos projetou à internet como um mercado colossal, dada a mudança no padrão de consumo, o investimento em infra-estrutura de comunicação e as oportunidades de inovação. A Amazon foi fundada em 1994, quando Jeff Bezos completou 30 anos. Bezos abandonou uma carreira promissora como analista de mercado e teve dificuldades em convencer investidores a alocar capital nas promissoras projeções da Amazon, onde somente seus pais investiram um valor aproximado de 300 mil dólares.

As projeções financeiras de Bezos estavam corretas, ou pelo menos apontavam na direção certa. A internet tornou-se um novo nicho de mercado, um segmento que consolidou novos poderes corporativos como Alphabet, Meta, Netflix, Spotify, Alibaba e Amazon. Somadas, essas cinco empresas correspondem a bilhões de dólares em valor de mercado e faturamento anual. Bill Gross, um investidor de startups, apresentou um TED Talk chamado "A Única Grande Razão do Sucesso das Startups", onde apresenta e analisa quatro fatores de sucesso e correlaciona esses fatores para determinar o mais relevante entre eles. Para Gross, os quatro fatores para avaliar o potencial de sucesso de uma "*startup*" são: o primeiro fator é o "*timing*" (momento), ou seja, estar no lugar certo, na hora certa. O segundo fator é a equipe e sua capacidade de execução eficiente. O terceiro fator é a idéia, que envolve a solução criativa e a proposta de valor. O quarto fator é o recurso financeiro, ou seja, o investimento e o capital. No entanto, Gross foi além e comparou todas as empresas, concluindo que estar no lugar e na hora certa, com uma equipe focada na execução eficiente, é dezenas de vezes melhor do que ter uma boa idéia e capital relevante.

No contexto dos suprimentos, entender o negócio significa não apenas relaciona a área com oportunidades e ameaças, mas também possibilita uma execução coordenada com as projeções da empresa. A Amazon tornou-se um líder no *e-commerce* não apenas por ser pioneira nesses segmentos, mas também por buscar exaustivamente a excelência logística e a experiência do usuário. Para Bezos, a concentração deve estar nos clientes, e isso se alinha a uma área de suprimentos estratégica, que precisa alinhar suas estratégias com a construção de valor junto aos clientes. No entanto, focar no cliente não é suficiente se a área não souber configurar projetos para alcançar os melhores resultados possíveis e não souber priorizar a alocação de recursos. A projeção de resultados exige premissas executivas e metodologias financeiras que permitam atribuir valores monetários a qualquer projeto.

Antes de monetizar um projeto, é necessário submetê-lo a filtros estratégicos que garantam alinhamento com questões essenciais associadas ao negócio. Os aspectos estratégicos foram abordados ao longo deste livro e são definidos em três grandes peneiras. A primeira peneira é a proposta de valor alinhada com o modelo de negócios; sob esse filtro, qualquer projeto que contrarie valores consolidados no mercado e entre os clientes requer revisão. A segunda peneira é a segurança de abastecimento; dentro desse filtro, benefícios financeiros que comprometam as operações devem ser refinados. A terceira peneira é a dependência comercial; nesse filtro, projetos de curto prazo benéficos precisam ser reavaliados, garantindo que as relações comerciais não se enfraqueçam.

O robô AGV (Veículo Guiado Automatizado) foi um projeto de suprimentos destinado a otimizar os custos logísticos, ao mesmo tempo em que aprimorava a entrega de valor aos clientes. Havia várias premissas que permitiram à Amazon calcular os resultados esperados e os benefícios para as operações em relação a um investimento em infraestrutura. A primeira premissa considerava a eficiência na gestão de estoque, em que os produtos poderiam ser localizados mais rapidamente, com menos necessidade de operadores logísticos. A segunda premissa envolve entrega mais rápida e custos de transporte mais competitivos; com uma janela de coleta maior, mais produtos poderiam ser consolidados, e o transporte poderia ser melhor otimizado. A terceira premissa é que o controle digital do estoque do armazém não teria interferência humana, garantindo precisão na contagem, o que reduziria custos de contagens de inventário periódicas e facilitaria a identificação de estoque obsoleto. A quarta premissa é que os robôs trabalhariam 24/7, aumentando assim a capacidade de entrega e diminuindo a necessidade de mão de obra direta. Essas premissas fornecem contexto para os cálculos financeiros.

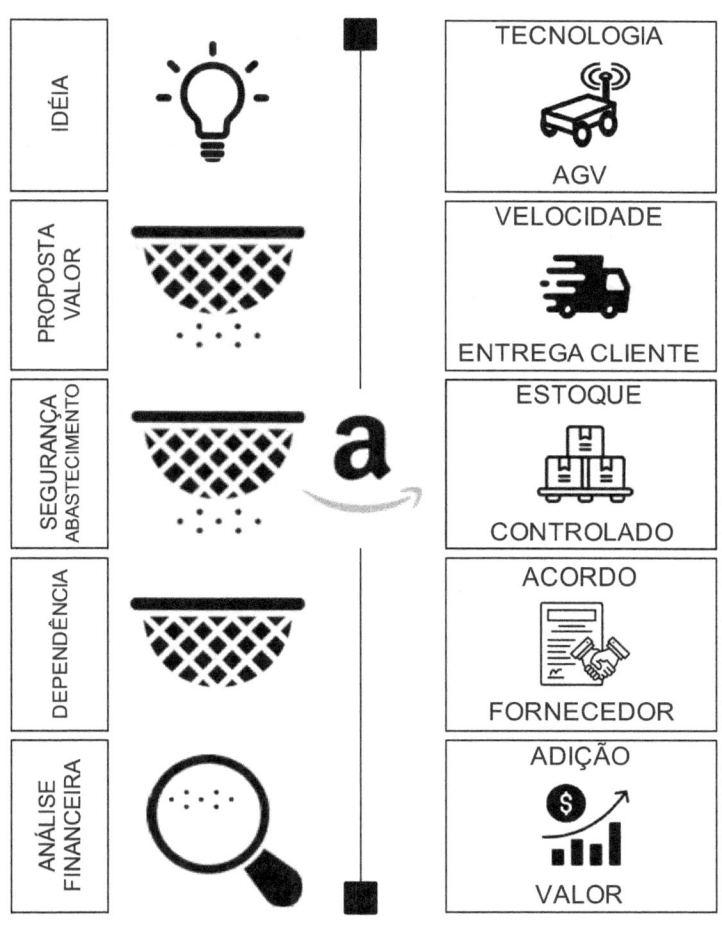

A análise financeira começa com a compreensão do ciclo financeiro de benefícios do investimento; em um produto, o ciclo é sua vida útil, enquanto em operações, representam a depreciação do investimento. O primeiro indicador financeiro e cálculo a ser analisado é o Valor Presente Líquido (VPL); esse indicador detalha o fluxo de caixa do projeto, esboçando saídas como alocação de capital e recursos humanos e entradas como redução de custos e aumento de caixa. O VPL apresenta um valor absoluto monetário acumulado em um momento presente, permitindo a comparação e priorização de todos os projetos. O segundo indicador é a Taxa Interna de Retorno (TIR), um indicador percentual que confirma quanto de retorno o mesmo fluxo de caixa analisado para o VPL do projeto proporciona à empresa. O terceiro indicador é o *Payback*, que simplesmente define quando o investimento inicial será totalmente coberto pelos retornos do projeto; é crucial entender por quanto tempo o capital ficará comprometido. O quarto indicador é o Valor Econômico Agregado (VEA), que resulta em um valor "positivo" ou "negativo" após avaliar os custos do projeto e o fluxo de caixa. Um VEA negativo sugere que o projeto não é favorável para a empresa em termos de adição de valor operacional.

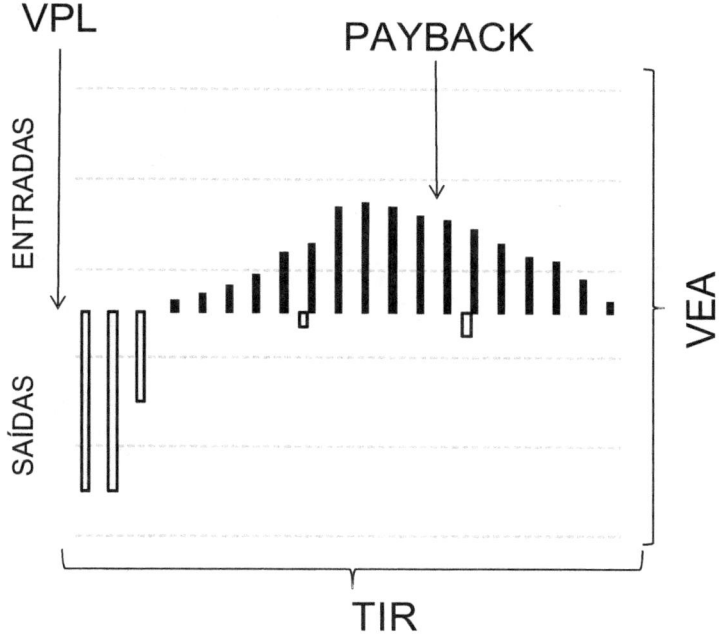

A área de suprimentos aprimora a cadeia de fornecimento com o objetivo de tornar o negócio competitivo. Reduções de custos e aumento de capital são as principais responsabilidades dessa área; tudo deve ser pensado, planejado e reestruturado para atingir a máxima eficiência. No entanto, a área de suprimentos também navega dentro do negócio da empresa e melhora os custos antes que os projetos sejam lançados, assim como em projetos estratégicos que contribuem para a proposta de valor da empresa. Todo o projeto se baseia em oportunidades e ameaças ao negócio, mas com um foco financeiro específico que permite um aumento do ROI ou da liquidez. Os quatro indicadores financeiros do projeto se comunicam com o DRE e o balanço financeiro da empresa, e quando confirmam premissas, tendem a gerar resultados projetados consistentes. Um projeto em que a premissa é negociar com um fornecedor e obter 5% de redução, resultando em nenhum investimento e em entradas de redução de custos, é um projeto simples e direto. Agora, um projeto em que é necessário investir em AGVs e infra-estrutura, equilibrando a redução com o aumento de capacidade e otimização de frota, exige muito mais da área de suprimentos, tanto na abordagem interna quanto na consistência das premissas e na projeção de resultados. É a mesma situação quando é necessário ampliar fornecedores com novos participantes ou mudar de tecnologia com produtos substitutos; a projeção é fundamental para entender se o investimento solicitado é recuperável com o projeto. Afinal, o que importa para o negócio é o ROI e a liquidez.

Se usarmos a Amazon como referência para simular projetos de suprimentos que possibilitem entender a aplicação da projeção de resultados, podemos dividir os projetos em três tipos. O primeiro tipo de projeto é o "ganho rápido", geralmente negociações ou projetos que não exigem muito esforço ou investimento. O segundo tipo é o projeto "rotina", que não apresenta ganhos significativos, mas pode ser executado sem muito esforço ou investimento financeiro. Isso inclui mudanças de layout, alterações de rota e consolidação de fornecedores para itens não críticos. O terceiro tipo de projeto é o "grande projeto", geralmente projetos complexos que exigem muito esforço e alocação de capital, mas produzem resultados significativos. O AGV da Amazon é um exemplo de "grande projeto", assim como o desenvolvimento de um novo fornecedor, validação de novo material, aprovação de nova tecnologia de transformação, implementação de um VMI e estabelecimento de um milk-run. Nos "grandes projetos", a área de suprimentos se torna estratégica, propondo mudanças benéficas para o negócio que reduzem custos e/ou aumentam o capital. No entanto, os "grandes projetos" exigem alocação de capital humano (equipe de execução) e capital financeiro (CAPEX).

Para esclarecer a aplicação da projeção financeira, consideremos seis projetos: dois projetos de "ganho rápido", dois projetos de "rotina" e dois projetos "grandes projetos". Primeiro, projetemos os resultados financeiros dos projetos de "ganho rápido". O primeiro projeto envolve negociar uma redução de 10% em um gasto de $1 milhão, para um contrato de dois anos com um fornecedor. O segundo projeto é uma realocação de recursos, onde dois fornecedores dividem um gasto de $2 milhões em uma configuração 80/20. No entanto, o fornecedor com 20% de participação ofereceu uma redução de 15% com a condição de obter 80% da participação por um ano de contrato. Nos projetos de "ganho rápido", as premissas são simples, pois requerem apenas as despesas médias anuais e o período de benefício do resultado. O VPL e o VEA são os indicadores de decisão. A única possível saída de capital ocorre se o fornecedor no projeto de realocação apresentar um TCO desfavorável e prazos apertados, o que força uma negociação ou um compromisso. Os projetos de "ganho rápido" não são priorizados; eles são decididos e executados.

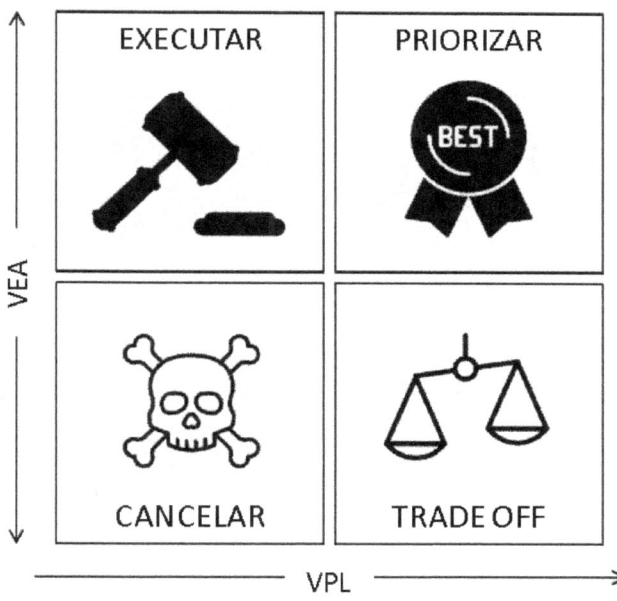

A "eficiência" é a capacidade de realizar projetos com o menor desperdício de recursos, com foco em um alto nível de produtividade visando projetos sem erros e sem redundâncias. Já a "eficácia", por sua vez, é simplesmente a capacidade de concluir projetos; nesse caso, o foco está na execução até o fim. Ser eficaz significa se concentrar no bom, enquanto ser eficiente visa o ótimo. No entanto, é importante avançar. Para isso, a agilidade na tomada de decisões, na execução e na conclusão deve ser pressuposta para os projetos de "ganho rápido" e "rotina". Peter Drucker tem algumas frases famosas, como "eficiência é fazer melhor o que já está sendo feito" e "não há nada tão inútil como fazer com eficiência algo que nem deveria ser feito", na área de suprimentos, projetos com baixa ou nenhuma alocação de recursos financeiros precisam focar na execução, em vez de apresentar para a liderança o que aconteceria com a execução de um projeto que já deveria estar implementado. Com um gasto de $1 milhão e uma redução de 10%, temos um projeto de aproximadamente $100 mil. Com um gasto de $2 milhões e uma redução de 15% em 80% do volume, temos um projeto de aproximadamente $250 mil. Projetar para "ganho rápido" é adiar decisões de execução eficaz.

As organizações não se baseiam apenas em projetos sem nenhum investimento, e uma parte significativa da eficiência operacional provém de "grandes projetos", que exigem detalhamento e organização para serem priorizados. Os "grandes projetos" têm o objetivo de elevar a empresa operacionalmente a outro patamar e valorizam o EVA positivo e o NPV expressivo, sendo o PAYBACK um fator classificatório. O NPV acumula todas as entradas e saídas projetadas e calcula o valor presente com descontos econômicos, como a inflação ou o WACC da empresa. Um projeto com um investimento de $20 mil (saída), uma redução de $5 mil (entrada) no primeiro ano, $10 mil (entrada) nos quatro anos seguintes e uma taxa de desconto de 5% ao ano confirma um NPV de $19.485, uma TIR de 55%, um PAYBACK em menos de um ano e um EVA positivo, tornando-o um projeto potencial para execução.

Ao projetar resultados, o aspecto mais demorado é focar nas premissas do projeto, que definem investimentos potenciais e resultados. É sempre necessário definir um ponto de partida (linha de base) que registre o status quo caso o projeto não seja executado. Os projetos não devem ser valorizados apenas com base na redução potencial de custos, mas sim na relação entre investimento, tempo de execução e resultados finais. Essa relação pode ser traduzida em NPV, TIR e PAYBACK. No entanto, o indicador EVA também é relevante, pois um EVA negativo definirá um trade-off. O EVA relacionará o TCO e a relação entre a configuração atual e a proposta, levando em consideração que mudanças nos prazos de pagamento e no estoque podem não evidenciar um projeto potencial. A tabela abaixo destaca quatro projetos na área de suprimentos, em que a linha de base, a redução percentual, o investimento CAPEX e as horas alocadas de pessoal e o tempo de implementação são estimados e projetados em um fluxo de caixa de cinco anos.

|  | PROJ_A | PROJ_B | PROJ_C | PROJ_D |
|---|---|---|---|---|
| BASELINE | $5.0M | $3.0M | $0.5M | $1.0M |
| REDUÇÃO | 5% | 10% | 20% | 15% |
| CAPEX | $650k | $700k | $100k | $200k |
| EQUIPE | 750h | 900h | 200h | 100h |
| PRAZO | 9meses | 9meses | 6meses | 12meses |
| WACC | 10% | 10% | 10% | 10% |

| REDUÇÃO | $250k | $300k | $100k | $150k |
|---|---|---|---|---|

| | | | ANO1 | -$700k | -$760k | -$80k | -$215k |
|---|---|---|---|---|---|---|---|
| FLUXO DE | CAIXA | PROJETO | ANO2 | $250k | $300k | $100k | $150k |
| | | | ANO3 | $250k | $300k | $100k | $150k |
| | | | ANO4 | $250k | $300k | $100k | $150k |
| | | | ANO5 | $250k | $300k | $100k | $150k |

Com um fluxo de caixa projetado, o cálculo do NPV é imediato. No entanto, quando uma configuração de fornecimento implica uma mudança, é importante avaliar se essa mudança prejudica a posição de caixa da empresa, sem adicionar valor. Qualquer mudança que gere redução de custos mantendo ou ampliando prazos de pagamento e reduzindo o estoque total terá um EVA positivo. Portanto, calcular o EVA se torna relevante quando as considerações fogem da norma.

Vamos supor que "Projeto B" e "Projeto C" apresentem variações nos prazos de pagamento e no estoque e precisem de investigação. O primeiro passo é definir o status quo (linha de base), refletindo as condições atuais. Para o Projeto B, os prazos são de "60 dias" e o estoque é de "15 dias". Para o Projeto C, os prazos são de "45 dias" e o estoque é de "5 dias". Associar dias é perfeito, pois simplifica o entendimento e facilita a compreensão da variação.

O segundo passo é esclarecer os dados para a nova configuração. Para o Projeto B, os prazos mudam para "30 dias" e o estoque para "5 dias". Para o Projeto C, os prazos mudam para "30 dias" e o estoque para "30 dias". Nas decisões da cadeia de suprimentos, a efetividade é crucial. O cálculo do EVA compara o benefício da redução identificada (uma entrada e um valor positivo) com a degradação resultante da combinação do estoque e dos prazos (uma saída e um valor negativo).

Uma combinação de prazos e estoque que resulta em um saldo positivo de dias benéficos para a liquidez da empresa é favorável. No entanto, configurações que resultam em um saldo negativo precisam de uma avaliação cuidadosa junto com a estratégia.

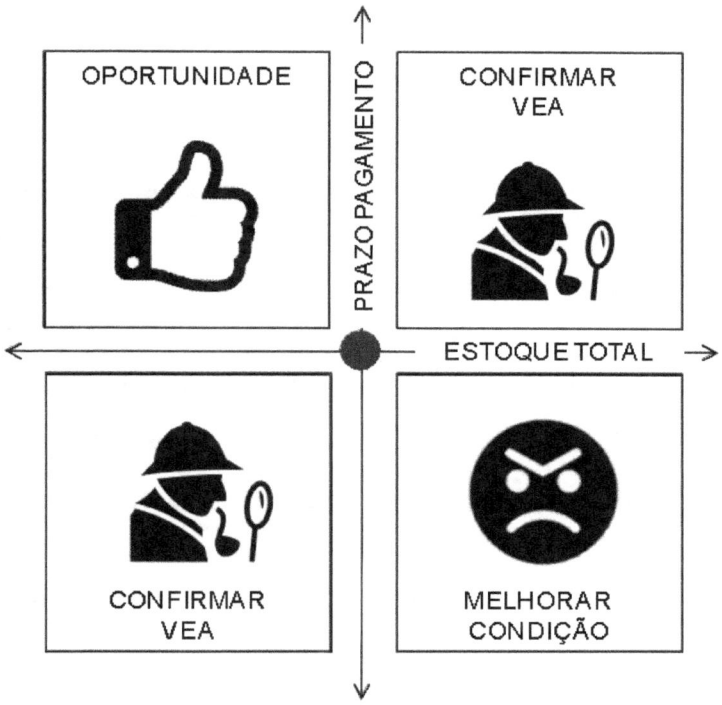

O Projeto B prevê uma redução de $250.000, reduzindo as despesas para $4,8 milhões. A linha de base com prazos de 60 dias e estoque de 15 dias resulta em um saldo positivo de 45 dias, sugerindo que as operações receberão o material 45 dias antes de pagar o fornecedor. A configuração proposta reduzirá o saldo positivo para 25 dias, degradando a posição de caixa da empresa em 20 dias. Essa degradação precisa ser compensada pela redução, o que resulta em um EVA positivo se compensado.

Traduzindo dias em um valor monetário absoluto, a linha de base de 45 dias corresponde a um saldo de caixa de $620.000, e para a proposta, é de $330.000. Nesse caso, a empresa está reduzindo $290.000 em caixa para se beneficiar de uma redução de $250.000, resultando em um EVA negativo e uma classificação de trade-off.

No caso do Projeto C, há uma saída de caixa de 40 dias, totalizando $55.000. No entanto, a redução é de $100.000, resultando em um EVA positivo e uma classificação de valor adicionado.

O conceito financeiro de EVA é um pouco mais complicado do que subtrair reduções de custos do fluxo de caixa. Na realidade, foi mostrada uma maneira eficaz de aprovar projetos. Se a subtração da redução do fluxo de caixa for positiva e o NPV for significativamente alto, um projeto é executável, com a única exceção sendo o PAYBACK.

No entanto, o EVA não considera o fluxo de caixa diretamente, mas sim a porção percentual associada ao

WACC. Para o EVA, é como se o incremento de caixa precisasse pelo menos remunerar o WACC. Quando ele tem um valor positivo subtraído da redução, há potencial para um projeto.

Esse é um conceito válido e eficiente para a avaliação de projetos. Nesse caso, o Projeto A, com uma redução de caixa de $290.000 e uma redução de $250.000, não resulta em um saldo negativo de $40.000. Em vez disso, os $290.000 são considerados um investimento, sujeito a remuneração. Com um WACC de 18% sobre os $290.000, há uma atribuição de $52.200 para remunerar o investimento na nova configuração. Portanto, subtrair $250.000 (redução) de $52.200 (WACC sobre o investimento) resulta em EVA positivo.

É um pré-requisito para uma área de suprimentos estratégica definir um processo padronizado para validar e executar projetos. Os indicadores de VPL, EVA e PAYBACK são suficientes para uma tomada de decisão financeira sólida e para a priorização, sendo que a TIR é um indicador percentual de referência. Uma equipe de suprimentos deve ser capaz de priorizar dezenas ou centenas de projetos no fluxo de execução (pipeline). Quanto mais eficaz e focada for a decisão, mais rápido será o início da execução e, consequentemente, a conclusão com resultados.

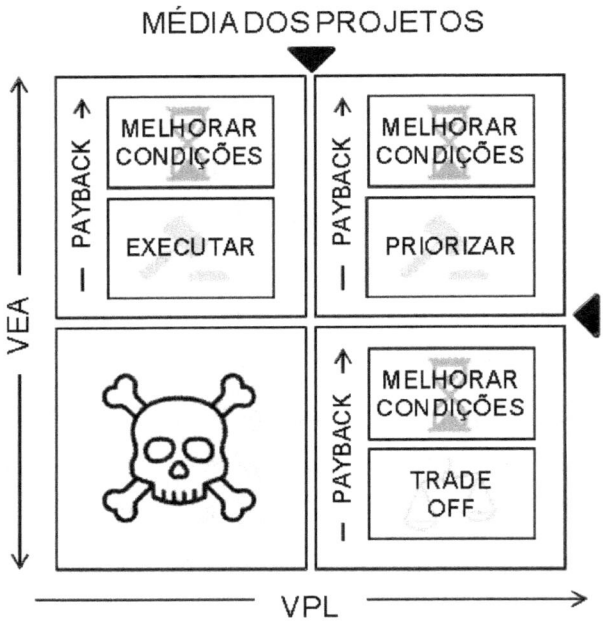

O fluxo adequado para aprovar um projeto de suprimentos começa pela definição da configuração atual (linha de base). Através do Custo Total de Propriedade (TCO), é possível abranger todos os aspectos relevantes e comparar com uma proposta. O segundo passo envolve definir as premissas da

287

proposta, referentes a fornecedores, preços, prazos, estoque e configuração logística. Nesta etapa, as discrepâncias de custo em relação à linha de base ficam evidentes. O terceiro passo é avaliar o projeto por meio de filtros estratégicos, que determinam riscos e oportunidades. O quarto passo consiste em construir o fluxo de caixa do projeto, onde saídas de capital e entradas futuras de capital são associadas em um período predefinido, o que define indicadores financeiros como VPL, TIR e PAYBACK. O quinto passo envolve alinhar o indicador de VPL com um EVA positivo ou negativo. O último passo é a priorização, onde os projetos com o menor PAYBACK e o maior VPL serão classificados como alta prioridade. É importante lembrar que esse processo se aplica tanto a "grandes projetos" quanto a atividades de "rotina", especialmente quando há uma saída necessária de capital (investimento). Projetos de "ganho rápido" são simplesmente executados.

## Sobre o Autor

Mauricio Furtado é apaixonado por solucionar problemas e enxergou a área de suprimentos como um quebra-cabeça perfeito, sua abordagem diferenciada consegue articular o negócio com as atividades operacionais, táticas e estratégicas no abastecimento dos negócios.

Mauricio teve a oportunidade de desenvolver e testar seus conhecimentos em diversos segmentos, como automotivo, eletrodomésticos, aeroespacial, elétrico, farmacêutico e agrícola, isso o ajudou a compreender as particularidades de cada negócio e a importância de suprimentos para a lucratividade e o fluxo de caixa.

Sua experiência é global, atuando sempre em empresas multinacionais com faturamento bilionário, sendo algumas líderes em seus segmentos, permitindo compreender a cultura organizacional e aprender com diversas perspectivas ao redor do mundo, tanto colegas quanto fornecedores. Mauricio testemunhou as consequências de crises e conflitos relevantes que desafiaram a área de suprimentos globalmente..

## Sobre Upshot

O conceito nasceu de um contexto complexo, repleto de desafios, falhas, autoritarismo, estresse e medo. O cenário que fundamentou a base do upshot foi a possibilidade de um fornecedor interromper uma operação inteira, impactando bilhões de reais em receita e milhares de empregos.

Estratégias, abordagens e relacionamentos comerciais sólidos, liderança impecável e um toque de sorte transformaram um projeto altamente arriscado em um caso de sucesso na empresa. Os aprendizados adquiridos ao longo de dois anos foram tão intensos e gratificantes que merecem ser registrados. Upshot representa algo tangível, demonstrando como a área de suprimentos pode desempenhar um papel crucial em momentos cruciais para um negócio.

## Sobre o Livro

O livro oferece uma perspectiva inovadora sobre a gestão de suprimentos, indo além da abordagem tradicional focada na operação. O livro concentra-se na análise do aspecto do negócio, examinando produtos, concorrência e modelos de negócios para adaptar estratégias de gastos, gerenciamento de riscos e relacionamentos comerciais na área de suprimentos.

A obra possui uma abordagem holística e não se limita apenas à estratégia, mas também explora como planejar ações, executar resultados e validar decisões. No livro, são utilizados exemplos de empresas em diversos setores, destacando casos de sucesso e falhas estratégicas que oferecem importantes lições aprendidas. O livro é leitura obrigatória para quem deseja aprofundar seus conhecimentos em gestão de suprimentos e tem interesse em novas perspectivas para os negócios, tornando-se uma ferramenta essencial para profissionais que desejam se destacar no campo dinâmico dos negócios e suprimentos.